T0374508

中・上級日本語教科書
日本への招待

For Pre-Advanced and Advanced Learners of Japanese
Images of Japan

【予習シート・語彙・文型】

東京大学AIKOM日本語プログラム
近藤安月子・丸山千歌 [編]

KONDOH Atsuko and MARUYAMA Chika, ABROAD IN KOMABA
The University of Tokyo

東京大学出版会
University of Tokyo Press

For Pre-Advanced and Advanced Learners of Japanese
Images of Japan
Tasks, Vocabulary and Sentence Patterns
KONDOH Atsuko and MARUYAMA Chika,
ABROAD IN KOMABA, The University of Tokyo
University of Tokyo Press, 2001
ISBN4-13-082006-0

目次
もくじ

語彙の記号（**Symbols used in Vocabulary**）

～（な）　= Adjectival Nouns, Na-Adjectives, ナ-形容詞, 形容動詞

～（する）= Nouns which can be converted into verbs by adding する.

〈　　　〉= English equivalents for the verb counterparts of words maeked by ～（する）

文型の記号（**Abbreviations used in structural patterns**）

記　号	意　味	例
N	Noun	本, 日本語, 大学
AN	Adjectival Noun, Na-Adjective, Na-Nominal, ナ-形容詞	きれい, 元気, しずか
A	Adjective(i-type), イ-形容詞	大きい, 新しい
A-い	Adjective dictionary form	大きい, 新しい
A-く	Adjective Ku-Form	大きく, 新しく
V	Verb	
S	Sentence	
S(plain)	Sentence ending in a plain predicate	本だ, 本だった, 本じゃない, 本じゃなかった 大きい, 大きかった, 大きくない, 大きくなかった 読む, 読んだ, 読まない, 読まなかった
Aff	Affirmative	
Neg	Negative	-ない, -なかった
V-る	Verb Dictionary Form/Citation Form	読む, 食べる, する, 来る
V-た	Verb Ta-form/Perfective Form/Past Form	読んだ, 食べた, した, 来た
V-て	Verb Te-form/Gerund Form	読んで, 食べて, して, 来て
V-たり	Verb Tari-form/Representative Form	読んだり, 食べたり, したり, 来たり
V-ない	Verb Nai-form	読まない, 食べない, しない, 来ない
V-ず	Classical equivalent of V-ない	読まず, 食べず, せず, 来ず
V(stem)	Masu Form stem of a verb	読み, 食べ, し, き
V-よう	Verb Volitional Form/Tentative Form	読もう, 食べよう, しよう, 来よう
⇒	confer	

女性の生き方

2

キーワード

女性の意識	じょせいのいしき	consciousness (awareness and attitudes) of women
社会進出	しゃかいしんしゅつ	advancement into society
差別(する)	さべつ	discrimination 〈discriminate〉
男女差別	だんじょさべつ	gender discrimination
就職差別	しゅうしょくさべつ	employment discrimination
職場	しょくば	work place
少子化	しょうしか	子どもが少なくなること
高齢化社会	こうれいかしゃかい	society with a high concentration of aged people
専業主婦	せんぎょうしゅふ	wife who devotes herself to housework exclusively
共働き	ともばたらき	husband and wife both working
家事の負担	かじのふたん	burden or one's share of household chores
子育て	こそだて	child rearing
子どもの教育	こどものきょういく	education of children; children's education

●資料─1「働く女性の生活」予習シート●

●イラストを見る前に考えましょう

[1] あなたの国は、社会で働く女性が多いですか。働く女性、女性が働く環境について何かイメージはありますか。

[2] 日本社会で働く女性、女性が働く環境について何かイメージはありますか。

●イラストを見ながら考えましょう

[1] 1、2、4、5のイラストを見て考えましょう。何のイラストですか。どのようなメッセージがありますか。どのようなことを考えましたか。

	何のイラストですか	メッセージ	あなたの感想
1			
2			
4			
5			

[2] 3のまんがを見てください。

　1) 何についてのまんがですか。

　2) 内容をことばで表現してみましょう。

　3) どのようなメッセージがありますか。

4

** 遠足 (えんそく)	outing, excursion, hiking	[図3]	手抜き (てぬき)	corner-cutting	[図4]
** 給料 (きゅうりょう)	salary, pay	[図3]	* ～として	as ～, in the capacity of ～	[図5]
* ～のくせに	although ～, in spite of ～ (*usually belittling*)	[図1]	熱を出す (ねつだ)	become feverish	[図3]
** 残業(する) (ざんぎょう)	overtime work〈work overtime〉	[図3]	* ムリ(な)	無理(むり), impossible, unreasonable	[図3]
セカセカ	be restless	[図3]	** 役割 (やくわり)	role, part	[図2]
** 地域 (ちいき)	region, area	[図4]			
通念 (つうねん)	多(おお)くの人(ひと)が考(かんが)えていること	[図2]			

資料―1 働く女性の生活 **文型**

[1] S(plain) / N の ｝ くせに～ 'in spite of the fact that S ～; although S, ～' [図1]

ひとくちメモ

「くせに」は話(はな)す人(ひと)／書(か)く人(ひと)が、ほかの人(ひと)のことや状態(じょうたい)について、批判的(ひはんてき)で感情的(かんじょうてき)なことを言(い)うときに使(つか)います。場面(ばめん)を考(かんが)えて使(つか)いましょう。

くせに conveys a critical and sometimes emotional tone by the speaker/writer who is contemptuous or angry about someone's behavior or state. This pattern is better avoided unless otherwise intended.

[例]

a. 女のくせに。

b. 子どものくせに親に反抗(はんこう)するな。

c. いつも遅(おく)れるくせに、今日は私が15分遅れたくらいで、怒(おこ)らないでよ。

[練習]

d. 男のくせに、_____。

e. 自分ではできないくせに、_____。

f. _____。

●資料―2 「私たちの選択」予習シート●

●読む前に考えましょう

[1] 人の生き方や考え方は時代によって違うことがあります。あなたの国の女性の生き方は、時代によって違いがありますか。あれば、それはどのように違いますか。

[2] 日本の女性の生き方は時代によって違いがあると思いますか。あれば、それはどのように違いますか。

●読みながら考えましょう

[1] 4つの記事で紹介されている女性は、どのような人ですか。

	年齢 ねんれい	職業 しょくぎょう
A さん		
B さん		
C さん		
D さん		

[2] 4人のうち1人を選び、次の情報をまとめましょう。

  1) ＿＿＿＿＿＿＿＿＿＿＿さん

  2) 何年ごろに高校・大学時代を過ごしましたか。そのときの日本の社会はどのような状態でしたか。経済、女性の社会進出などの点からまとめましょう。

  3) 学生時代、まわりの女友だちは将来についてどのようなイメージを持っていましたか。

  4) この女性の将来へのイメージはどのようなものでしたか。どうしてそのようなイメージを持っていましたか。

5）なぜ現在の職業を選びましたか。

6）どのように仕事をしたいと考えていますか。

7）これからの女性へのアドバイスは何ですか。

8）この女性について読んで、あなたはどのような感想を持ちましたか。

[4] 他の人についても情報をまとめましょう。

資料−2　私たちの選択 **語彙**

あせり	impatience, nervousness	[11]
** 圧倒的(な) あっとうてき	overwhelming	[22]
** 安定(する) あんてい	stability〈be steady〉	[2]
** 生き方 い かた	way of life, a life-style	[1]
** 意識(する) い しき	consciousness〈be conscious of〉	[11]
** 至る いた	reach, arrive at	[1]
** 一段落(する) いちだんらく	だいたい終わること お	[9]
** 異文化 い ぶん か	違う文化 ちが ぶん か	[6]
** 運良く うん よ	luckily	[15]
** 影響(する) えいきょう	influence〈influence〉	[6]
** 追いかける お	follow	[31]
** お互い たが	mutually, each other	[32]
** 海外 かいがい	foreign, abroad, overseas	[24]
* 学生運動 がくせいうんどう	student movement	[2]
** 価値 か ち	value, worth, merit	[26]
** 活躍(する) かつやく	activity〈be active〉	[31]
がむしゃらに	recklessly	[10]
** 〜期 き	〜 period	[2]
** 危機感 き き かん	sense of crisis	[15]
企業 き ぎょう	enterprise	[23]
犠牲に(する) ぎ せい	sacrifice〈sacrifice〉	[10]
* きっかけ	opportunity, cue, beginning	[15]
** 逆に ぎゃく	conversely	[6]
** 客観的(な) きゃっかんてき	objective	[16]
協力的(な) きょうりょくてき	cooperative	[24]
切り捨てる き す	omit, cut down	[12]
** 偶然(に) ぐうぜん	accidentally	[15]
** 具体的(な) ぐ たいてき	concrete	[7]
口癖 くちぐせ	いつも使うことばや表現 つか ひょうげん	[5]

** 経験(する) けいけん	experience〈experience〉	[11]
** 経済 けいざい	economy	[2]
* 経歴 けいれき	one's career	[2]
講演(する) こうえん	lecture, talk〈give a lecture〉	[15]
* 航空会社 こうくうがいしゃ	airline company	[7]
** 高度成長 こう ど せいちょう	high growth of the economy	[2]
国粋的(な) こくすいてき	nationalistic	[6]
志す こころざ	しようと思う おも	[15]
腰掛け就職 こし か しゅうしょく	結婚するまで2〜3年 けっこん ねん だけ働くこと はたら	[15]
こなす	cope with, manage	[8]
子持ち こ も	子どもがいる人 こ ひと	[24]
最大 さいだい	いちばん大きい おお	[15]
自信 じ しん	confidence	[26]
実現(する) じつげん	realization, materialization〈turn 〜 into reality〉	[15]
** 失敗(する) しっぱい	failure, ill success〈fail, be unsuccessful〉	[19]
* 志望(する) し ぼう	wish, desire, ambition〈wish, desire〉	[28]
** 就職(する) しゅうしょく	会社に入ること かいしゃ はい	[7]
修了(する) しゅうりょう	completion, finish〈complete, finish〉	[17]
* 出版社 しゅっぱんしゃ	publishing company	[7]
* 順序 じゅんじょ	order	[12]
* 順調(な) じゅんちょう	smooth	[9]
** 消極的(な) しょうきょくてき	passive	[14]
* 生じる しょう	生れる、できる うま	[12]
** 自立(する) じ りつ	independency〈become independent〉	[5]
** 進学(する) しんがく	上の学校にいくこと うえ がっこう	[14]

8

** 進出（する） しんしゅつ	出て行くこと で い	[7]	
** 人生 じんせい	one's life	[8]	
* 新鮮（な） しんせん	fresh	[9]	
* 勧める すす	recommend	[29]	
** 世代 せだい	generation, the world, the age	[32]	
** 積極的（な） せっきょくてき	positive, assertive	[11]	
* 接触（する） せっしょく	contact〈contact, touch〉	[6]	
** 絶対的（な） ぜったいてき	absolute	[26]	
** 戦後 せんご	postwar	[1]	
* 専攻（する） せんこう	major subject, special study〈major (in)〉	[9]	
** 選択（する） せんたく	selection, choice〈select〉	[1]	
* 選択肢 せんたくし	choices	[20]	
専念（する） せんねん	devoting oneself to〈devote oneself to〉	[8]	
* それなりに	in its own way	[8]	
* 損をする そん	lose, suffer	[9]	
第一線 だいいっせん	一番大変なところ いちばんたいへん	[24]	
** 体制 たいせい	system, establishment	[14]	
* 対等（な） たいとう	equal	[20]	
** 他人 たにん	others	[12]	
ためる	accumulate	[10]	
** 多様性 たようせい	diversification	[12]	
* 単身 たんしん	ひとりで	[18]	
* つきあい	association, company	[28]	
* 同級生 どうきゅうせい	クラスメート	[7]	
当時 とうじ	そのころ	[7]	
* 独身 どくしん	single, unmarried	[5]	
* 伴う ともな	accompany	[3]	
* 眺める なが	見る，考える み かんが	[16]	
* 年齢 ねんれい	one's age	[9]	
* 乗り越える の こ	overcome	[18]	
漠然とした ばくぜん	vague	[8]	

** 激しい はげ	violent, fierce, furious, strong	[2]	
** 発見（する） はっけん	discovery〈discover〉	[16]	
バブル期 き	the bubble economy (1980年代後半～1992年) ねんだいこうはん	[2]	
バブル経済 けいざい	bubble economy	[9]	
ばりばり	tearing, crunching	[31]	
** 反映（する） はんえい	reflect, mirror〈reflect〉	[3]	
** 比較的 ひかくてき	comparatively	[9]	
必要に応じて ひつよう おう	as occasion demands	[12]	
* 一人暮し ひとりぐら	一人で生活すること ひとり せいかつ	[15]	
** 評価（する） ひょうか	evaluation〈evaluate〉	[12]	
** 表面的（な） ひょうめんてき	superficial	[6]	
** 不安（な） ふあん	uneasiness, worry	[11]	
** 含める ふく	include	[19]	
* 復帰（する） ふっき	return, comeback, reinstatement〈return, reinstate〉	[24]	
復興（する） ふっこう	restration, reconstruction〈revive, be restored〉	[3]	
赴任（する） ふにん	(proceeding to) new appointment〈proceed to one's post〉	[24]	
振り返る ふ かえ	look back, reflect	[10]	
* 雰囲気 ふんいき	atmosphere, mood, ambience	[28]	
** 分担（する） ぶんたん	apportionment〈bear, take upon oneself〉	[30]	
** 平均的（な） へいきんてき	average	[14]	
ベビーブーム	baby boom	[2]	
放送局 ほうそうきょく	broadcast station	[7]	
補助（する） ほじょ	assistance, help〈assist〉	[23]	
** 迷う まよ	be at a loss	[5]	
見合い み あ	arranged meeting (*usually for marriage*)	[7]	
磨く みが	polish, shine, brush	[31]	

右肩上がり <small>みぎかた あ</small>	プラスの方向へいき、 <small>ほうこう</small>　マイナスにはならないこと	[22]
＊身近(な) <small>み ぢか</small>	自分のまわり <small>じ ぶん</small>	[6]
道筋 <small>みちすじ</small>	path, route	[1]
模索(する) <small>も さく</small>	さがす	[15]
＊＊役割 <small>やくわり</small>	role	[12]

＊優先(する) <small>ゆうせん</small>	preference, priority 〈have priority (over)〉	[24]
＊夢 <small>ゆめ</small>	dream	[15]
＊＊両立(する) <small>りょうりつ</small>	compatibility, coexistence〈coexist〉	[31]
＊＊割合 <small>わりあい</small>	rate, relatively, comparatively	[22]

資料—2 私たちの選択 **文型**

【1】 　N なりに V　'do something in one's own way'　　　　　　　　[8]

　　　　N1 なりの N2　'N1's own N2'

> **ひとくちメモ**
>
> N には「私、自分、〜さん、その国、あの人」など、特定の人またはグループを表
<small>わたし　じぶん　　　　　　　くに　ひと　　　　とくてい　ひと　　　　　　　　　あらわ</small>
> すことばが使われます。
<small>つか</small>
>
> The referent of N is a specific person or group of people such as 私, 自分, 〜さん, その国 and あの人.

［例］

a. 家事と育児をそれなりに楽しんでいたと思います。
<small>か じ　いくじ</small>

b. 大学を卒業したあと何をするか、私なりに考えている。
<small>そつぎょう</small>

c. 男女差別の問題について、それぞれご自分なりの意見を述べてください。
<small>さ べつ　　　　　　　　　　　　　　　　　　　の</small>

［練習］

d. 試験勉強のしかたは、＿＿＿＿＿＿＿＿＿＿＿＿＿＿なりに考えてください。
<small>し けん</small>

e. 子どもの教育については＿＿＿＿＿＿＿＿＿＿＿＿＿＿＿。
<small>きょういく</small>

f. ＿＿＿＿＿＿＿＿＿＿＿＿＿＿＿＿＿＿＿＿＿＿＿。

【2】 V-て こそ〜　'only when one does something, 〜;
　　　　　　　　　　　only after one does something, 〜'
[11]

> ### ひとくちメモ
>
> 「こそ」は前に来ることばを限定する 働 きがあります。ここでは、「V-て」があとの部分の大事な 条 件になっていて、「こそ」はその 条 件を 強 調 しています。
> 「V-てはじめて」に似ています。「〜」の部分は、「V-て」で 表 される 条 件から予想される当然の結果を 表 し、話し手／書き手の意図的な行為を 表 すためには使えません。
>
> こそ emphasizes its precedent, which is a word, a phrase or a clause. The verb て-form expresses some condition, and こそ emphasizes that it is the only necessary condition for the part that follows. V-てこそ is similar to V-てはじめて. The part that follows V-てこそ indicates the natural consequence of the condition expressed by V-て, and it never expresses the speaker/writer's intentional action.

［例］

a. 何事も経験してこそ見えてくるものがあります。

b. いろいろと苦労してこそ、人間として成 長 する。

c. 人に頼らずに、自分一人でやってこそ、本当の力がつくものだ。

［練習］

d. ＿＿＿＿＿＿＿＿＿＿＿＿＿＿＿てこそ、心から結果をよろこぶことができる。

e. 自分で働いて 給 料 をもらってこそ、＿＿＿＿＿＿＿＿＿＿＿＿＿＿＿。

f. ＿＿＿＿＿＿＿＿＿＿＿＿＿＿＿＿＿＿＿＿＿＿＿＿＿＿＿＿＿。

【3】 V(stem) つつ〜　'while / although oun does something, 〜;
　　　　　　　　　　　V(stem) ながら〜'
[15]

> ### ひとくちメモ
>
> 「つつ」は二つ同時の行動や 状 態を 「〜ながら」 の意味でつなぎます。会話では、「つつ」より 「ながら」 が使われます。
>
> つつ, which functions in the same way as ながら, conjoins two concurrent activities or states. In conversation, ながら is used more often than つつ.

［例］

a. 女子学生の多くが、将 来へ不安を抱きつつ自分の生き方を模索していました。

b. 子育てもしつつ医者として活躍している人もいます。

c. 自分を**磨**きつつ子育てを楽しんでいる。
　　　みが

［練習］

d. 健康によくないと思いつつ、＿＿＿＿＿＿＿＿＿＿＿＿＿＿＿＿＿＿＿＿＿＿。
　けんこう

e. ＿＿＿＿＿＿＿＿＿＿＿＿＿＿＿＿＿＿＿＿つつ毎日生活している。
　　　　　　　　　　　　　　　　　　　　　　　　　　　　　　せいかつ

f. ＿＿＿＿＿＿＿＿＿＿＿＿＿＿＿＿＿＿＿＿＿＿＿＿＿＿＿＿＿＿＿＿。

【4】 N がきっかけで〜　'with N as a turning point 〜; taking advantage of N, 〜' [15]

> **ひとくちメモ**
>
> あるできごとや行動を動機や手がかりにして、ほかのことが始まるという意味です。
> 　　　　　　こうどう　どうき　て　　　　　　　　　　　　　　　　はじ　　　　　　　　　いみ
>
> With some event of someone's action as a trigger, a new event or situation arises.

［例］

a. 偶然耳にした講演がきっかけで、日本語教育を専攻しました。
　ぐうぜんみみ　　こうえん　　　　　　　　　　　　　　せんこう

b. 高校の先生に勧められたことがきっかけで、日本語学を専攻し、…。
　　　　　　　　すす

c. 高校生のときの日本留学がきっかけで、日本文化に興味を持つようになった。
　　　　　　　　　　りゅうがく　　　　　　　　　　ぶんか　きょうみ

［練習］

d. 黒澤明の映画を見たことがきっかけで、＿＿＿＿＿＿＿＿＿＿＿＿＿＿＿＿。
　くろさわあきら

e. ＿＿＿＿＿＿＿＿＿＿＿＿＿＿＿がきっかけで、日本文学を専攻した。
　　　　　　　　　　　　　　　　　　　　　　　　　　ぶんがく

f. ＿＿＿＿＿＿＿＿＿＿＿＿＿＿＿＿＿＿＿＿＿＿＿＿＿＿＿＿＿＿＿。

【5】 V-る しかない　'there is no other alternative but do something; [15]　　　V-る 以外に方法がない; V-る ほかない'　　　　　　　　　　　　いがい　ほうほう　　　　　　　⇒ テーマ6 資料1 文型4

［例］

a. 外国で夢を**実現させる**しかない時代でした。
　　　　ゆめ　じつげん

b. そんなにサラリーマンがいやだったら、自分で会社を**始める**しかないでしょう。
　　　　　　　　　　　　　　　　　　　　　　　　　　　はじ

c. これまでいっしょうけんめい勉強してきた。受験まであと1週間、最後まで**がんばるし**
　　　　　　　　　　　　　　　　　　じゅけん　　　　　　　　さいご
かない。

［練習］

d. 自分で車の故障をなおそうとしたけど、だめだった。＿＿＿＿＿＿＿＿しかない。
　　　　　こしょう

e. ＿＿＿＿＿＿＿＿＿＿＿＿＿＿＿＿＿ので、直接部長に話すしかない。
　　　　　　　　　　　　　　　　　　　　　　ちょくせつぶちょう

f. ＿＿＿＿＿＿＿＿＿＿＿＿＿＿＿＿＿＿＿＿＿＿＿＿＿＿＿＿＿＿＿。

12

【6】 V-た つもりだ／だった   'be under the impression that 〜;
　　　　　　　　　　　　　　be convinced that 〜; feel quite sure that 〜'

ひとくちメモ

「V-た つもりだ／だった」は話す人／書く人がしたと思っていたことや信じていたことが、実はそうではなかったと気がついたときの意外な気持ちを表します。

つもり modified by the Ta-form of a verb is used to express the speaker/writer's realization that what (s)he believed or thought (s)he had done turned out to be otherwise. It usually expresses the speaker/writer's surprise for the unexpected turn of event.

［例］

a. 家事も子育てもパーフェクトにできていたつもりでした。しかしあるとき、…。

b. 家にどろぼうが入ったんですか。家のカギはかけて出たつもりでしたが、…。

c. その仕事は、今日までにとお願いしたつもりですけど、できていないんですか。

［練習］

d. 自分の子どものことは全部理解していたつもりですが、＿＿＿＿＿＿＿＿＿＿＿＿。

e. ＿＿＿＿＿＿＿＿＿＿＿＿＿＿＿＿＿＿＿つもりだったが、できなかった。

f. ＿＿＿＿＿＿＿＿＿＿＿＿＿＿＿＿＿＿＿＿＿＿＿＿＿＿＿＿＿。

●資料─3「女性と少子化」予習シート●

●読む前に考えましょう

[1]「少子化」ということばを聞いたことがありますか。

[2]「少子化」ということばからどのようなことをイメージしますか。

●読みながら考えましょう

[1] 日本の「社会で働く女性」についてのデータが2つあります。2つのデータから最近のどんな変化が分かりますか。分かることをまとめましょう。

　1) グラフ1から「働く女性の割合」のどのような変化が分かりますか。

　2) グラフ2から、女性が働く理由にはどのような傾向があると言えますか。

[2]「少子化」についてのデータが2つあります。

　1) グラフ3を見てください。一人の女性が一生のうちに産む子どもの数は何人ですか。
　　 約＿＿＿人

　2) 人口を維持するために必要な人数は2.08人だと言われています。グラフ3から少子化というのはどのようなことだと言えますか。

　3) グラフ4を見てください。女性が理想の数だけ子どもを持てない理由から、日本の「働く女性」についてどのようなことが分かりますか。

[3] グラフ5を見てください。日本の男性の家事負担は、他の国と比べるとどうですか。

[4] グラフ1〜5を関連させてください。日本の女性と少子化についてどのようなことが言えますか。

資料—3　女性と少子化　語彙

語彙	意味/英訳	図
＊後片付け(する) あとかたづ	何かの後で片付けること なに あと かたづ	[図5]
＊生かす い	make the most of, make the best use of	[図2]
＊行き届く い とど	be attentive to details, be tactful, be considerate	[図4]
＊＊育児 いくじ	子どもを育てること こ そだ	[図4]
＊維持(する) いじ	maintenance〈maintain, keep〉	[図2]
＊＊一生 いっしょう	lifetime	[図3]
産む う	give birth to (a baby), bear (a child)	[図3]
＊＊得る え	obtain, get	[図2]
＊＊回答(する) かいとう	reply, answer〈answer, reply, respond〉	[図2]
家業 かぎょう	one's family business	[図2]
家計費 かけいひ	household expense	[図2]
＊韓国 かんこく	the Republic of Korea	[図5]
技能 ぎのう	skill, ability	[図2]
＊＊協力(する) きょうりょく	cooperation〈cooperate〉	[図4]
＊＊健康(な) けんこう	health	[図4]
＊＊国際 こくさい	international	[図5]
＊＊困難(な) こんなん	難しいこと むずか	[図4]
＊資格 しかく	qualification	[図2]
指導(する) しどう	leading, leadership, guidance〈lead, guide, direct〉	[図5]
＊視野 しや	perspective	[図2]
＊＊住宅 じゅうたく	家 いえ	[図4]
＊＊収入 しゅうにゅう	income	[図4]
生涯 しょうがい	一生 いっしょう	[図4]
＊＊条件 じょうけん	condition, provision	[図2]
昇進(する) しょうしん	promotion〈promote〉	[図4]
＊＊人口 じんこう	population	[図1]
生計 せいけい	livelihood, living	[図2]
＊＊精神的(な) せいしんてき	mental, psychological	[図4]
世話(する) せわ	care-taking〈take care of〉	[図5]
＊退職(する) たいしょく	仕事をやめる しごと	[図2]
＊＊大切(な) たいせつ	important, precious	[図4]
足し た	supplement, help	[図2]
抽出(する) ちゅうしゅつ	extraction〈extract〉	[図1]
＊＊調査(する) ちょうさ	investigation, inquiry〈investigate, examine, inquire〉	[図1]
貯蓄(する) ちょちく	saving〈save〉	[図2]
＊＊程度 ていど	degree	[図2]
＊＊同～ どう	the very same ～	[図2]
＊統計 とうけい	statistics	[図1]
乳幼児 にゅうようじ	infants	[図5]
＊年齢 ねんれい	age	[図4]
＊＊能力 のうりょく	ability	[図2]
配偶者 はいぐうしゃ	spouse	[図4]
＊＊～費 ひ	expense of ～	[図4]
＊＊比較(する) ひかく	comparison〈compare〉	[図5]
広める ひろ	widen, broaden, spread	[図2]
＊＊複数 ふくすう	plural	[図2]
＊＊不足(する) ふそく	insufficiency, shortage〈run short of, lack of〉	[図4]
＊＊負担(する) ふたん	burden, load, charge〈bear, share〉	[図4]
有子勤労女性 ゆうしきんろうじょせい	子どもがいて仕事をしている女性 こ しごと じょせい	[図4]
＊＊有職者 ゆうしょくしゃ	仕事を持っている人 しごと も ひと	[図2]
＊余裕 よゆう	room, margin, spare	[図2]
＊＊理想 りそう	ideal	[図4]

** 〜率
りつ
rate of 〜, proportion of 〜 [図1]

** 両立（する）
りょうりつ
compatibility, managing both〈be compatible, manage both〉[図4]

** 労働力
ろうどうりょく
labor force [図1]

** 割合
わりあい
ratio [図1]

●資料─4「新しい社会の平等とは」予習シート●

●読む前に考えましょう

[1]「平等」ということばを聞いたことがありますか。それはどういう意味ですか。

[2]「男女平等」についてのイメージはありますか。また、どのようなイメージを持っていますか。

[3] 女が男の環境に合わせる平等、男が女の環境に合わせる平等など「平等」にはいろいろな形があるようです。それぞれ、どういうことでしょうか。イメージしてみましょう。

●読みながら考えましょう

[1]「労働基準法の女性保護規定」について

　　1) 1997年の国会ではどのようなことが決まりましたか。

　　2) 労働基準法の女性保護規定とはどのような法律ですか。だれを何のために保護すると思いますか。

　　3) だれがこの保護規定の撤廃を希望しましたか。その理由は何ですか。

　　4) 国会の決定により、男女の働く環境は良くなると予想されますか、それとも悪くなると予想されますか。それはどうしてですか。

[2] 男女の「平等」について

　　1) この新聞の社説ではこれまでどのような主張をしてきましたか。

　　2) 今回の国会の決定にこの社説は賛成していますか、反対していますか。それはどうしてですか。

[3] 次の 3 点について、この社説はこれからどのように変わると予想していますか。

　　1）労働力

　　2）女性の外での労働と家庭内での労働

　　3）親子関係

[4] この社説は、労働者の環境を良くするために、具体的にどのような対策が必要だと主張
　　していますか。

資料—4　新しい社会の平等とは **語彙**

＊当たり前〈あ　まえ〉	a matter of course	[9]
あり方〈かた〉	the way it should be	[1]
～以内に〈い ない〉	within～	[2]
＊＊欧米〈おうべい〉	ヨーロッパとアメリカ	[10]
介護(する)〈かい ご〉	attending to the sick people〈attend to the sick〉	[8]
＊抱える〈かか〉	have	[8]
＊確実に〈かくじつ〉	certainly	[6]
＊＊確認(する)〈かくにん〉	confirmation〈confirm〉	[5]
過酷(な)〈か こく〉	hard, severe	[5]
＊＊家事〈か じ〉	household chores	[7]
＊＊形づくる〈かたち〉	form	[1]
＊＊家庭〈か てい〉	family	[9]
＊＊～側〈がわ〉	the side of～	[3]
＊＊環境〈かんきょう〉	environment	[4]
緩和措置〈かん わ そ ち〉	mitigation measure	[4]
規制(する)〈き せい〉	regulation〈regulate〉	[5]
＊＊義務教育〈ぎ む きょういく〉	compulsory education	[10]
＊＊共通〈きょうつう〉	common	[5]
禁じる〈きん〉	prohibit	[2]
＊＊均等に〈きんとう〉	equally, uniformly	[7]
＊＊現実〈げんじつ〉	reality	[8]
＊現状〈げんじょう〉	the real condition	[7]
健全(な)〈けんぜん〉	sound, healthy	[9]
原則として〈げんそく〉	as a principle	[10]
＊＊行為〈こう い〉	act, action	[1]
＊＊子育て〈こ そだ〉	bringing-up of children	[8]
＊＊国会〈こっかい〉	the Diet	[2]
先の〈さき〉	recent	[2]
＊＊左右する〈さ ゆう〉	control, influence	[1]
＊さらに	もっと	[8]

時間外労働〈じ かんがいろうどう〉	overtime work	[2]
＊＊事実上〈じ じつじょう〉	in reality	[4]
＊＊実現(する)〈じつげん〉	realization〈realize〉	[3]
＊＊実施(する)〈じっ し〉	enforcement, execution〈enforce, execute〉	[2]
＊実態〈じったい〉	the actual condition	[5]
＊占める〈し〉	occupy	[1]
主張(する)〈しゅちょう〉	claim, assertion, argument〈claim, argue assert〉	[5]
条項〈じょうこう〉	articles, provision, clauses	[2]
使用者〈しようしゃ〉	employer	[3]
＊職場〈しょく ば〉	work place	[3]
審議(する)〈しん ぎ〉	careful discussion, consideration〈discuss〉	[11]
＊＊人生〈じんせい〉	one's life	[1]
深夜〈しん や〉	very late at night	[2]
＊＊制限(する)〈せいげん〉	restriction, limit〈restrict, limit〉	[2]
それぱかりか	それぱかりでなく	[1]
＊＊大部分〈だい ぶ ぶん〉	the majority, the greater part	[1]
＊＊男性並に〈だんせいなみ〉	男性と同じように〈だんせい おな〉	[3]
手当〈て あて〉	allowance	[10]
撤廃(する)〈てっぱい〉	abolition, removal〈abolish, remove〉	[2]
当然〈とうぜん〉	あたりまえ	[10]
同様〈どうよう〉	同じような〈おな〉	[4]
土台〈ど だい〉	foundation, basis	[9]
＊整える〈とと の〉	prepare, arrange, make ～ ready	[10]
＊＊共働き〈ともばたら〉	both husband and wife are working	[7]

何といっても　何よりも		[9]
何らかの	some	[4]
担う	assume the responsibility of	[7]
はぐくむ	bring up, rear	[9]
ひいては	in its turn	[1]
**非行	delinquency	[9]
**必要	necessity	[10]
**平等	equality	[3]
**不足(する)	shortage〈run short of〉	[6]
**負担(する)	burden〈bear, share〉	[8]
**分担(する)	apportionment〈bear, take upon oneself〉	[7]

保護規定	the Protection Regulation	[2]
見すえる	fix one's eyes on	[11]
免除(する)	exemption〈exempt〉	[10]
**設ける	establish, create	[4]
**求める	demand, seek after	[3]
*要求(する)	demand〈demand〉	[3]
*要素	element	[1]
*労働基準法	the Labor Standards Law	[2]
**労働力	labor	[6]

資料—4　新しい社会の平等とは　文型

【1】 N1、ひいては N2　'not only N1 but also N2; N1 だけではなく N2 までも'　[1]

ひとくちメモ

N1 は N2 の一部で、N2 に含まれるような関係のことばです。たとえば、「友人、ひいてはすべての人間関係」「日本の経済、ひいては世界の経済」などです。

N1 expresses a part that constitutes N2 such as 友人、ひいてはすべての人間関係 and 日本の経済、ひいては世界の経済.

[例]

a. 「働く」という行為は、家庭や、ひいては人生のあり方を左右する。

b. 日本では学歴が、就職、結婚、ひいては人生のあり方を左右すると言っても言いすぎではない。

c. 最近の子どもの非行問題は、現代の家庭環境、ひいては親子関係の本当のあり方を考える必要性を示している。

[練習]

d. ごみの問題は、住環境、ひいては＿＿＿＿＿＿＿＿＿＿＿の問題でもある。

　　e. 子どもの家庭環境は、＿＿＿＿＿＿＿＿、ひいては＿＿＿＿＿＿＿にまで影響する。

　　f. ＿＿＿＿＿＿＿＿＿＿＿＿＿＿＿＿＿＿＿＿＿＿＿＿＿＿＿＿＿＿＿。

【2】
- **N 並みに V** 'do something to the same extent as N; N と同じように V' [3]
- **N1 並みの N2** 'something which is equal to N1; N1 と同じくらいの N2'

［例］

　　a. 女性も、男性**並みに**働けるようにすべきだ。

　　b. 日本の経済が発展して、やっと欧米**並み**の生活ができるようになった。

　　c. もっと給料のいい仕事をさがして、人**並み**の暮らしをしたい。

［練習］

　　d. 料理学校に通って、＿＿＿＿＿＿＿＿＿＿＿並みに日本料理が作れるようになった。

　　e. この物価高の時代に人並みの生活をするには、＿＿＿＿＿＿＿＿＿＿＿＿＿＿。

　　f. ＿＿＿＿＿＿＿＿＿＿＿＿＿＿＿＿＿＿＿＿＿＿＿＿＿＿＿＿＿＿＿。

【3】
- **V-る べきだ** 'should do something, ought to do something; V-た ほうがいい' [3]
- **V-る べきではない** 'should not do something, ought not to do something; V-て はならない; V-ない ほうがいい'

　ひとくちメモ

「べきだ」は、こうでなければならないという強い意見を表します。一般的なことについて使うのはいいですが、話しの相手のことについて使うのは避けましょう。ふつうは「V-たほうがいい」「V-たらどうか」などの助言の表現を使います。「する」の場合は、「するべきだ」のほかに「すべきだ」も使います。「しないほうがいい、してはいけない」と言いたいときは「V-るべきではない」を使います。

べきだ expresses the speaker/writer's strong opinion that someone should do or something should be ～. This pattern is best suited for a general statement. This pattern is best avoided when you want to make a comment about the addressee: expressions of advice such as V-たほうがいい and V-たらどうか are preferred. With the verb する, both するべきだ and すべきだ are used. For a situation where 'should not' or 'ought not to' is called for, V-るべきではない is used.

［例］

　　a. 女性も男性**並みに**働けるように**すべきだ**。

　　b. 夫と妻は、家庭の仕事、たとえば、家事や育児も**分担するべきだ**という意見がある。

c. 外見だけで人を判断するべきではない。
　　がいけん　　　　　　　はんだん

[練習]

d. ＿＿＿＿＿＿＿＿＿＿＿＿＿＿＿＿＿＿＿＿＿べきだと言う人は、最近少なくなってきた。
　　　　　　　　　　　　　　　　　　　　　　　　　　　　さいきん

e. 自分の＿＿＿＿＿＿＿＿＿＿＿＿を他の人に＿＿＿＿＿＿＿＿＿＿＿べきではない。
　　　　　　　　　　　　　　　ほか

f. ＿＿＿＿＿＿＿＿＿＿＿＿＿＿＿＿＿＿＿＿＿＿＿＿＿＿＿＿＿＿＿＿＿。

●知っていると便利な表現●●●……………………………………………………………

何といっても　'after all;　when all is said and done'

A：日本料理は、何がおいしいですか。

B：日本料理なら、何といってもすきやきでしょう。

●資料─5「子どものしつけ」予習シート●

●読む前に考えましょう

[1]「しつけ」ということばを聞いたことがありますか。それはどのような意味ですか。

[2] あなたは子どものとき、家庭でどのような教育を受けましたか。

[3] 日本の家庭での教育について何かイメージを持っていますか。それはどのようなイメージですか。

●読みながら考えましょう

[1]「女は全部、結婚して家庭の主婦になる時代が過ぎようとしています」という文について
  1）むかしは女の人の生き方はどうでしたか。

  2）今どうなってきましたか。

  3）これからはどうなりますか。

[2]「しつけ」について
  1）「しつけ」というのはどこで何を教えるものですか。

  2）「人並み」の意味は何ですか。

  3）「人並み」の意味やしつけの内容は、これまでとこれからとでどう違いますか。表を完成させましょう。

	「人並み」の意味	しつけの内容
これまで	男は → 女は →	男は → 女は →
これから	男は → 女は →	男は → 女は →

[3] 下の表の3つの家庭のかたちは、20年先の男女を育てる「しつけ」にいい環境ですか。それはどうしてですか。また、どうしたらいい環境になりますか。

家庭のかたち	いい環境ですか（○か×）	どうしてですか	どうしたらいい環境になりますか
結婚したときから共働き			
結婚したときから男が亭主関白女が専業主婦			
男が亭主関白女ははじめ専業主婦、あとからパートにでる			

資料—5　子どものしつけ 語彙

イエ	family (*as an institution*)	[3]
** 生きる	live, make a living	[3]
** 育児	child-rearing	[3]
** 維持(する)	maintenance〈maintain, keep〉	[6]
** 一人前	full-fledged, self-supporting, grown up, adult	[3]
* いばる	be proud, be haughty, put on airs, be arrogant	[7]
* うけもつ	take charge of	[3]
おくればせ	belated	[9]
* 男らしい	like a man, manfully	[4]
** 家庭	family	[1]
** 環境	environment	[8]
** 期待(する)	expectation, hope〈expect, hope for〉	[11]
** 教育(する)	education〈educate〉	[1]
** 共通(する)	common〈have in common〉	[6]
** 協力(する)	力をあわせること	[6]
食わす	feed	[6]
** 先	ahead	[4]
仕事につく	find work, obtain a job	[1]
** 時代	time, period, epoch, era	[1]
* しつけ	discipline	[3]
** 社会	society	[3]
** 自由(な)	freedom, liberty	[6]
** 就職(する)	finding employment〈find work, obtain a job〉	[1]
** 主婦	housewife, homemaker	[1]
** 将来	future	[10]
* 姿	figure, posture, appearance, state	[7]

** 過ぎる	pass	[1]
* せっかく	with considerable trouble, at great pains	[1]
* 専業主婦	full-time housewife, homemaker	[4]
そだてあげる　そだててしまう		[5]
* そだてる	raise	[3]
** たすけあう	help each other	[7]
** 立場	position, footing, one's ground, standpoint	[4]
* 力をあわせる	cooperate	[4]
つかえる	serve, work under, work for	[3]
亭主関白	very domineering husband	[9]
** 共ばたらき	結婚して, 夫も妻も仕事をすること	[2]
* 〜ないでは	〜なくては, 〜なかったら	[7]
** 人間	human, human being, people	[3]
* 〜ねば	〜なければ	[4]
パートにでる	do a part-time job	[9]
* 人並み	common, normal, ordinary, average	[3]
** 平等(な)	equality	[4]
** ふえる	increase	[1]
** 普通	usual, regular, common	[2]
変身(する)	transformation, metamorphosis〈be transformed (into)〉	[10]
** まもる	protect, keep	[3]
* むかう	face, be bound to, approach, confront	[6]
昔	ancient time, of old, in former days	[9]

＊結びつける _{むす}	tie, connect	[6]
＊＊目的 _{もくてき}	purpose, aim, goal	[6]
〜もすれば	〜くらいあとになったら	[2]
＊役に立つ _{やく た}	become useful, be instrumental	[4]

＊よほど	とても、かなり、ずいぶん	[11]
連帯感 _{れんたいかん}	sense of solidarity	[6]

資料―5　子どものしつけ 文型

【1】 N が V-よう としている　'N is in the process of V-ing; N is about to V; N が V(stem) つつある'　[1]

> **ひとくちメモ**
>
> この表現は、社会や人々の考え方などに起こっている変化や傾向を表すときに使います。「V-よう」のVは、「変わる、来る、なくなる、なる」など、変化や動きを表すものがふつうです。
>
> This pattern describes an ongoing change or a current tendency observed in a society or people's thoughts; this pattern is not used to refer to a specific individual. The subject noun is normally of generic nature and the verb tends to be one that expresses a change or a movement such as 変わる、来る、なくなる and なる.

［例］

a. 女は全部、結婚して家庭の主婦になる時代が**過ぎようとしています**。
_{ぜんぶ　けっこん　　かてい　しゅふ　　　　す}

b. 男性中心の日本社会がすこしずつ**変わろうとしている**。
_{だんせいちゅうしん　しゃかい　　　　　か}

c. 両親が共ばたらきの家庭が普通である時代が**来ようとしている**。
_{りょうしん　とも　　　　　ふつう　　　　　　く}

［練習］

d. 伝統的な文化は、だんだんと＿＿＿＿＿＿＿＿＿＿＿＿＿＿＿＿＿＿＿としている。
_{でんとうてき　ぶんか}

e. ちかごろ＿＿＿＿＿＿＿＿＿＿＿＿＿＿＿という考え方がなくなろうとしている。

f. ＿＿＿＿＿＿＿＿＿＿＿＿＿＿＿＿＿＿＿＿＿＿＿＿＿＿＿＿＿。

【2】 S(plain) からといって、〜(Neg)　'just because S, one does not / cannot simply 〜'　[1]

［例］

a. せっかく仕事についたのに、結婚した**からといって**やめられません。
_{けっこん}

b. やっと大学に入ったのだから、授業がおもしろくない**からといって**やめられない。
_{じゅぎょう}

c. しばらく連絡しなかったからといって、忘れたわけじゃない。忙しかったんだ。

［練習］

d. ＿＿＿＿＿＿＿＿＿＿＿＿＿＿＿＿＿＿からといって、きらいなわけじゃありません。

e. 子どもだからといって、＿＿＿＿＿＿＿＿＿＿＿＿＿＿＿＿＿＿＿＿＿＿＿。

f. ＿＿＿＿＿＿＿＿＿＿＿＿＿＿＿＿＿＿＿＿＿＿＿＿＿＿＿＿＿＿。

【3】 N1 という ｛のは／と｝ ｛N2 の／S(plain)｝ ことです　'N1 means N2 / S; by saying N1, I mean N2 / S' [3]

ひとくちメモ

この文型は、ものごとを定義するときに使います。

This pattern is used to define things.

［例］

a. しつけというのは、子どもが一人前に社会に生きていけるようにすることです。

b. 人並みというと、男は家庭の主人になり、女は男につかえて家庭をまもることです。

c. 専業主婦というのは、フルタイムで外で働いていない主婦のことです。

［練習］

d. 大学生がよくするアルバイトというと、＿＿＿＿＿＿＿＿＿＿＿＿ことです。

e. 共働きというのは＿＿＿＿＿＿＿＿＿＿＿＿＿＿＿＿＿＿＿ことだ。

f. ＿＿＿＿＿＿＿＿＿＿＿＿＿＿＿＿＿＿＿＿＿＿＿＿＿＿＿。

変わる教育

キーワード

教育制度	きょういくせいど	educational system
義務教育	ぎむきょういく	compulsory education
人並み	ひとなみ	average
偏差値	へんさち	deviation score, deviation value
偏差値教育	へんさちきょういく	*education giving too much importance to test results, education laying undue emphasis on students' school records*
受験（する）	じゅけん	taking an examination 〈take an examination〉
塾	じゅく	cram school
内申書	ないしんしょ	school report
画一化（する）	かくいつか	standardization（of schooling）〈standardize〉
不登校	ふとうこう	non-attendance at school
教育の多様化	きょういくのたようか	diversification of education

●資料―1「揺れる「評価」に踊らされ」予習シート●

●読む前に考えましょう

[1] あなたの国では、高校進学のとき、何が評価されますか。（例：入学試験、中学校での成績）

[2]「内申書」ということばを聞いたことがありますか。それはどのようなものですか。

●読みながら考えましょう

[1]「発表カード」について
　1) どのようなカードですか。

　2) だれが何を書きますか。

　3) だれがどのような目的で使いますか。

[2] 学習指導要領について
　1) 学習指導要領は何について書いてあると思いますか。

　2) 前の成績のつけ方はどのようなものでしたか。新しい学習指導要領でどう変わりましたか。

[3] 内申書について
　1) 内申書にはどのようなことが書かれますか。

　2) なぜ「生徒たちが目の色を変えるのも無理はない」のですか。

　3) 内申書の対象や基準はどのようにして決まりますか。

　4) 内申書が生徒に与えた影響には、たとえばどのようなものがありますか。

30

［4］進学先で
　　1）高校と中学校とでは評価のしかたはどのように違いますか。

　　2）評価のしかたの違いは子どもたちにどのように影響すると思いますか。

資料—1　揺れる「評価」に踊らされ 語彙

＊意識(する) いしき	consciousness, awareness〈be aware〉	[18]
一画 いっかく	one stroke	[4]
＊＊意欲 いよく	motivation	[2]
おべっか(を)つかう	flatter	[22]
＊回数 かいすう	the number of times, frequency	[6]
学習指導要領 がくしゅうしどうようりょう	course of study	[9]
＊＊学期 がっき	school semester	[6]
加味(する) かみ	addition〈add〉	[9]
～がらみ	related to ～	[12]
＊カン(勘) かん	intuition	[16]
＊＊関心 かんしん	concern, interest	[9]
＊＊観点 かんてん	viewpoint	[2]
＊基準 きじゅん	standard	[14]
競う きそ	compete	[21]
＊＊逆 ぎゃく	reverse, inverse	[17]
＊＊急(な) きゅう	suddenly	[20]
行事 ぎょうじ	event	[20]
空白 くうはく	blank	[4]
＊＊具体的(な) ぐたいてき	concrete	[14]
蛍光ペン けいこう	fluorescent pen	[15]
＊＊合格(する) ごうかく	pass (an examination) 〈pass〉	[25]
＊＊国公立 こくこうりつ	national and public school	[24]
＊＊個性 こせい	personality, individual character	[2]
＊ささやく	whisper	[8]
＊指す さ	name, nominate	[21]
＊思考(する) しこう	thought〈think〉	[9]
静岡市 しずおかし	Shizuoka city	[5]

＊～次第 しだい	depend on ～	[14]
指導(する) しどう	instruction〈instruct〉	[27]
尺度 しゃくど	measure	[1]
集計(する) しゅうけい	totalization〈totalize〉	[6]
＊＊重視(する) じゅうし	大切だと考える たいせつ　かんが	[11]
重点 じゅうてん	emphasis, priority	[26]
審議(する) しんぎ	careful discussion 〈discuss〉	[2]
優れた すぐ	outstanding	[2]
＊＊成果 せいか	results	[2]
＊＊成績 せいせき	school grades	[6]
＊＊積極的(な) せっきょくてき	positive, active	[2]
＊＊総合 そうごう	synthesis	[12]
＊＊対象 たいしょう	target	[14]
＊＊態度 たいど	attitude	[9]
多元化(する) たげんか	diversification〈vary〉	[1]
立ちすくむ た	be petrified	[28]
＊＊知識 ちしき	knowledge	[2]
調査書 ちょうさしょ	surveyor's report	[10]
定員 ていいん	quota	[12]
＊定期～ ていき	periodical ～	[24]
＊適性 てきせい	aptitude	[2]
＊導入(する) どうにゅう	introduction〈introduce〉	[9]
＊とたん	just at that very moment	[20]
＊とり入れる い	adopt, adjust	[27]
＊＊努力(する) どりょく	efforts〈make efforts〉	[2]
＊＊内申書 ないしんしょ	school report	[10]
＊＊内容 ないよう	content	[17]
なじむ	become familiar	[26]
＊＊能力 のうりょく	ability	[2]
～版 はん	size	[3]

**判断(する) _{はんだん}	judgement〈judge〉	[9]
**評価(する) _{ひょうか}	evaluation〈evaluate〉	[1]
評定(する) _{ひょうてい}	rating, evaluation 〈rate, evaluate〉	[12]
*不可欠(な) _{ふかけつ}	essential	[2]
*部分的(な) _{ぶぶんてき}	partial	[27]
*雰囲気 _{ふんいき}	atmosphere	[26]
変身(する) _{へんしん}	transformation 〈transform〉	[18]
間もない _ま	すぐ	[23]
間をおく _ま	少し待つ _ま	[24]

**目立つ _{めだ}	stand out	[21]
目の色を変える _{め いろ か}	be mad at, get tense	[13]
面 _{めん}	aspect	[2]
**面接(する) _{めんせつ}	interview〈interview〉	[12]
ヤル気 _き	やる気, will, incentive _き	[6]
揺れる _ゆ	shake, quake	[28]
用紙 _{ようし}	paper	[3]
**予定(する) _{よてい}	schedule, plan 〈schedule, plan〉	[20]
**〜割 _{わり}	percentage, 1 割 = 10% _{わり}	[12]

資料—1 揺れる「評価」に踊らされ 文型

【1】 V-る ＼
N の ／ たび(に)〜   'every time / whenever one does something, 〜;
V-る といつも〜'   [4]

> **ひとくちメモ**
>
> 「〜たび(に)」の後の述語は、一般的、必然的なできごとを表しません。このような場合は、「夏になると暑くなる」「寝ぼうすると学校に遅れる」のように「V-ると S」を使います。
>
> The predicate that follows 〜たび(に) never expresses general or inevitable events. For those, V-ると S is used such as 夏になると暑くなる and 寝ぼうすると学校に遅れる.

［例］

a. 手を挙げたり、意見発表したりするたびに、生徒たちは「正」の字を一画ずつ書き込んでいく。

b. この学校は試験のたびに、学生の成績を発表する。

c. 最近は、外国旅行をするたびに、有名なブランドのバッグや高いお酒をたくさん買ってくる人が多い。

［練習］

d. ボランティア活動をしている人を見るたびに、＿＿＿＿＿＿＿＿＿＿＿＿＿＿＿＿＿。

e. ＿＿＿＿＿＿＿＿＿＿＿＿＿＿＿＿たびに、なにか新しいことを発見する。

f. _____。

【2】 S（plain）のも無理はない　'it is no wonder that S; it is understandable that S; 〜ても不思議ではない／当然だ' [13]

┌─ ひとくちメモ ─────────────────────────────────┐

「S のも無理はない」は、あるできごとや状態が、その前に述べたことから考えて、理解できる、当然だという気持ちを表します。

S のも無理はない indicates the speaker/writer's feeling that some event or state is reasonable or understandable from the already mentioned conditions.

└──┘

［例］

a. 全体の9割が内申書がらみで選ばれることになる。生徒たちが目の色を**変えるのも無理はない**。

b. 日本の社会は、男性中心の考え方が強い。家事を分担する夫が**少ないのも無理はない**。

c. 毎日こんなに暑くては、勉強する気に**なれないのも無理はない**。

［練習］

d. 最近の子どもは、毎日、学校から帰ると塾に通っておそくまで勉強している。_____のも無理はない。

e. _____。あんなにいっしょうけんめい働いているのも無理はない。

f. _____。

【3】 S（plain）か（どうか） ｝ は N2 次第だ　'S / N1 depends on N2; N1　　　　　　　　　 S / N1 は N2 による' [14]

┌─ ひとくちメモ ─────────────────────────────────┐

「N 次第だ」は、あることが N によっていろいろ変わるという意味で、N が何かを決める力を持っていることを表します。

N 次第だ means that some state or event varies according to N and indicates that N has the power to control the situation.

└──┘

［例］

a. 何を対象に、具体的にどんな基準で評価する**かは**教師**次第だ**。

b. 高校を卒業して、大学に進学するか就職するかはあなた次第だ。

c. 健康で、子どもらしい生活を送れるかどうかは、その子の両親の育て方次第だ。

［練習］

d. このプロジェクトが成功するかどうかは、＿＿＿＿＿＿＿＿＿＿＿＿＿＿次第だ。

e. ＿＿＿＿＿＿＿＿＿＿＿＿＿＿＿＿＿＿は、あなたの気持ち次第だ。

f. ＿＿＿＿＿＿＿＿＿＿＿＿＿＿＿＿＿＿＿＿＿＿＿＿＿＿＿＿。

【4】V-た とたん(に)〜　'as soon as / the moment something happened, 〜; V-る とすぐに〜' [20]

> **ひとくちメモ**
>
> 「とたん」の前のVは、いつも「V-た」の形で、その変化が起こるとすぐ続いて、何かが起こることを表します。
>
> Regardless of the tense of the main clause, the verb preceding とたん is always the V-た form. This pattern means something occurs the moment some action or event takes place.

［例］

a. それが3学期に入ったとたん、シーンとなった。

b. 学校から帰って、部屋に入ったとたん、電話が鳴り出した。

c. その子は、母親の顔を見たとたんに、泣き出した。

［練習］

d. その学生は＿＿＿＿＿＿＿＿＿＿＿＿＿＿＿＿とたん、勉強し始めた。

e. 学校での態度が内申書に関係があると分ったとたん、＿＿＿＿＿＿＿＿＿＿。

f. ＿＿＿＿＿＿＿＿＿＿＿＿＿＿＿＿＿＿＿＿＿＿＿＿＿＿＿＿。

●資料―2 「「登校拒否」って何？」予習シート●

●読む前に考えましょう

[1] 「登校拒否」ということばを聞いたことがありますか。それはどういう意味ですか。

[2] あなたの国では「登校拒否」の問題がありますか。

[3] 「登校拒否」の原因にはどのようなものがあると思いますか。

[4] 「登校拒否」の子どもの気持ちを考えてみましょう。

[5] 「登校拒否」の子どものまわりの人の気持ちを考えてみましょう。先生、親、友だちは、どのような気持ちでしょうか。

●読みながら考えましょう

[1] 「登校拒否」の子どもについて

　　1）どのような子どものことですか。

　　2）何人くらいいますか。

　　3）増えていますか。減っていますか。

[2] 「登校拒否」の原因にはどのようなものがありますか。

[3] 「登校拒否」をする子どもの立場から考えてください。子どもは自分と学校との関係をどのように感じていますか。分かりやすいことばで表現してみましょう。

[4] 一般的に社会では、「登校拒否」をする子どもをどのように評価していますか。

36

[5] むかし「登校拒否」をしたことのある大人もいます。

　　1）どのような大人になっていますか。

　　2）この人たちは「登校拒否」をした時間をどのように考えていますか。

[6]「学校は一つの教育機関です」という意見が出ています。
　　1）「一つの教育機関」ということばで、何を伝えたかったと思いますか。

[7] 筆者は「(学校に)行きたいのに行けない」原因は二つあると言っています。
　　1）一つ目の原因は何ですか。

　　2）二つ目の原因は何ですか。

　　3）「行きたいけど行けない」という状態はどちらの原因からおこりますか。

[8] 筆者のメッセージは何ですか。

資料—2　「登校拒否」って何？ 語彙

＊あたりまえ	matter of course	[1]
＊＊甘え（あま）	derived from the verb "甘える（あま）-depend on, take advantage of-"	[5]
行きづまり（い）	dead end	[4]
＊＊生きる（い）	live	[6]
＊＊異常（な）（いじょう）	abnormal	[5]
落ちこぼれ（お）	dropout	[6]
＊＊画家（がか）	painter	[6]
＊＊学歴（がくれき）	academic career	[11]
＊＊価値観（かちかん）	sense of values	[10]
葛藤（する）（かっとう）	trouble, discord〈cause trouble〉	[12]
＊＊活躍（する）（かつやく）	being active in〈be act in〉	[11]
＊＊危機（きき）	crisis	[4]
＊＊貴重（な）（きちょう）	precious, valuable	[7]
＊＊基本（きほん）	foundation basic	[9]
奇妙（な）（きみょう）	strange	[10]
＊＊義務（ぎむ）	obligation, duty	[9]
決めつける（き）	declare with tones that allow no objection	[4]
＊＊疑問（ぎもん）	question, doubt	[1]
＊＊教育機関（きょういくきかん）	an educational institution	[8]
＊恐怖感（きょうふかん）	fear	[4]
虚脱感（きょだつかん）	lethargic feeling	[4]
＊＊距離をとる（きょり）	have distance from	[4]
＊＊緊張（する）（きんちょう）	strain, tension〈be strained〉	[4]
＊＊原因（げんいん）	cause	[3]
＊＊憲法（けんぽう）	constitution	[9]
＊＊権利（けんり）	right, privilge	[8]
肯定（する）（こうてい）	affirmation〈affirm, agree〉	[7]
＊公務員（こうむいん）	public official	[6]
＊＊個性（こせい）	one's personality, individuality	[4]
＊＊参考にする（さんこう）	refer to	[3]
＊＊幸せに（しあわ）	happily	[6]
＊＊事実（じじつ）	fact	[5]
＊＊示す（しめ）	indicate, show	[6]
周囲（しゅうい）	まわり	[5]
充電期間（じゅうでんきかん）	period of charging (a battery)	[7]
＊＊出席（する）（しゅっせき）	attendance〈attend〉	[9]
＊＊主婦（しゅふ）	housewife, homemaker	[6]
＊生じる（しょう）	arise, happen, come about, result	[5]
＊自立心（じりつしん）	self-reliance	[5]
進級（する）（しんきゅう）	promotion〈promote〉	[9]
＊信仰（する）（しんこう）	belief〈believe in, have faith in〉	[11]
＊人工的（な）（じんこうてき）	artificial	[8]
＊素直に（すなお）	obediently, meekly, gently	[12]
＊＊成長（する）（せいちょう）	growing〈grow〉	[8]
＊＊制度（せいど）	system	[8]
生理的に（せいりてき）	physiologically	[4]
＊絶対化（する）（ぜったいか）	making something absolute〈make something absolute〉	[12]
絶望感（ぜつぼうかん）	despair, hopelessness	[4]
＊育て方（そだ・かた）	(method of) child rearing	[5]
＊＊存在（する）（そんざい）	existence〈exist〉	[12]
＊たまる	accumulate, collect	[4]
中退（する）（ちゅうたい）	学校を途中でやめること（がっこう・とちゅう）	[2]

** 調査(する) ちょうさ	investigation, survey 〈investigate〉	[2]		不適応 ふてきおう	not adaptable	[6]
陶芸家 とうげいか	ceramist, ceramic artist	[6]		ふりかえる	reflect, look back	[7]
* 登校拒否 とうこうきょひ	school phobia, refusal to go to school (as a neurotic symptom)	[3]		分裂(する) ぶんれつ	a spilt, division 〈spilt, break up〉	[12]
特技を生かす とくぎ　い	make good use of one's specialty	[6]		保障(する) ほしょう	guarantee, assurance 〈guarantee, assure〉	[9]
怠け なま	lazy person	[4]	**	守る まも	defend, protect	[4]
〜にもかかわらず	inspite that 〜	[10]		明記(する) めいき	はっきりと書くこと 〈write clearly〉	[9]
二律背反 にりつはいはん	antinomy	[12]		文部省 もんぶしょう	the Ministry of Education	[2]
** 〜倍 ばい	〜 times of	[2]		病い やま	病気 びょうき	[5]
はみだす	deviate	[11]	*	要素 ようそ	factor	[10]
** 評価(する) ひょうか	evaluation, estimation 〈evaluate, estimate〉	[7]	**	理解(する) りかい	understanding 〈understand〉	[5]
疲労感 ひろうかん	tiredness, fatigue	[4]	**	理由 りゆう	reason	[3]
** 増える ふ	increase	[2]	**	利用(する) りよう	use〈make use of, utilize〉	[8]
* ふくめる	include	[2]		劣等感 れっとうかん	inferiority complex	[12]
不信感 ふしんかん	distrust	[4]	*	わがまま	selfishness	[5]

資料―2 「登校拒否」って何？ 文型

【1】 N1、それも、N2　'N1, especially N2; N1 の中でも特に N2' [2]
なか　とく

> **ひとくちメモ**
>
> N1 と N2 は同じグループに入ることばですが、N1 のほうが一般的で、N2 はもっと
> おな　　　　　　　　　　はい　　　　　　　　　　　　　いっぱんてき
> くわしい表現です。
> ひょうげん
>
> Both the referents of N1 and N2 belong to the same group of people or things. Usually N1 is a
> generic expression while N2 is more specific and descriptive.

［例］

a. 本当に学校を休む、**それも**、けっこう長く休んでしまう子がどんどん増えてきました。
ほんとう

b. 子どもの間のいじめ、**それも**、自殺や殺人の原因になるようないじめが多くなり、社会
　　　　　　　　　　　　　　じさつ　さつじん　げんいん　　　　　　　　　　　　　　しゃかい
問題になっている。

c. 最近、少年犯罪、**それも**、悪質なものが多くなってきた。

[練習]

d. 一年くらい大学を休学して、外国旅行、それも＿＿＿＿＿＿＿＿＿＿をしてみたい。

e. 私の大学のオーケストラ部は、＿＿＿＿＿＿＿＿＿それも世界コンクールで優勝した。

f. ＿＿＿＿＿＿＿＿＿＿＿＿＿＿＿＿＿＿＿＿＿＿＿＿＿＿＿＿＿＿＿。

【2】
N1 **か** N2 **か**
S1(plain) **か** S2(plain)　(**は**)**別**　$\left\{\begin{array}{l}に\\と\end{array}\right\}$　**して、**〜
S(plain) **かどうか**

'apart from whether N1 or N2 / S 1 or S2 / S or not, 〜'　[4]

[例]

a. 言葉になる**か**ならない**か別にして**、その子と学校の関係がマイナス関係になっている。

b. 留学する**かどうかは別として**、外国語は習っておいたほうがいい。

c. 今日か明日**かは別にして**、この仕事はぜったいにやらなくてはならない。

[練習]

d. すきかきらいか別にして、＿＿＿＿＿＿＿＿＿＿＿＿＿ほうがいい。

e. ＿＿＿＿＿＿＿＿＿＿＿＿＿かどうか別として、ほかの人の意見は聞くべきだ。

f. ＿＿＿＿＿＿＿＿＿＿＿＿＿＿＿＿＿＿＿＿＿＿＿＿＿＿＿＿＿。

【3】
$\left.\begin{array}{l}\text{N}\\\text{S1(plain)}\end{array}\right\}$ **に**(**は**)**ちがいない**　'there is no doubt that S; must be N'　[4]

[例]

a. その人の心や体が学校と距離をとりたくなっている関係に**はちがいありません**。

b. 西の空が赤い。明日は雨**にちがいない**。

c. この本は戦争を経験した人が書いた**にちがいない**。

[練習]

d. このへやには難しそうな本がたくさんある。＿＿＿＿＿＿＿＿＿にちがいない。

e. ＿＿＿＿＿＿＿＿＿＿＿＿＿＿＿＿＿＿＿＿＿＿。留学生にちがいない。

f. ＿＿＿＿＿＿＿＿＿＿＿＿＿＿＿＿＿＿＿＿＿＿＿＿＿＿＿＿＿。

●知っていると便利な表現●●●……………………………………………………………………

　～にもかかわらず　'in spite that ～'

　　A：ヤワラちゃん、試合当日は調子が悪かったんだって。
　　　　　　し あい とう じつ　　　ちょう し　　わる
　　B：ふうん。それにもかかわらず、金メダルを取ったんだね。すごいね。
　　　　　　　　　　　　　　　　　　　　　　　　　と

●資料―3 「親の「負けるな」が「つらい」」予習シート●

●読む前に考えましょう

[1] 「不登校」ということばを聞いたことがありますか。それはどういう意味ですか。

[2] 子どもが「不登校」になったとき、親はどのような気持ちになるでしょうか。

[3] 「不登校」になった子どもが親に気持ちを理解されないとき、どのような気持ちになるでしょうか。

●見出しを見て考えましょう

[1] 「親の『負けるな』が『つらい』」

　　1) だれがだれに「負けるな」と言いますか。

　　2) 何に「負けるな」と言いますか。

　　3) 「つらい」のはだれですか。

[2] 「いじめで不登校に…ある母娘の独白」

　　1) だれがどのような原因で不登校になりましたか。

　　2) 「独白」とはどのような意味ですか。この記事にはだれの独白が書かれていますか。

[3] 「『勉強で見返せ』と言った。傷つけ申し訳ない」「親にかっこ悪い自分言えない。分かってない」

　　1) それぞれ、だれのことばですか。

　　2) だれがどのように感じているとイメージできますか。

42

●読みながら考えましょう

[1] 「いきさつ」について

1) 不登校になったのはどのような子どもですか。その原因は何でしたか。

2) 不登校になったとき、母親の反応はどうでしたか。母親の反応からその子どもはどうなりましたか。

3) 1年生の10月、二人が参加した合宿はどのような合宿ですか。

4) 合宿で、どのような出来事がありましたか。

[2] 「母 『勉強で見返せ』と言った。傷つけ申し訳ない」について

1) 母親から見て、不登校になった子どもはどのような子どもでしたか。

2) 子どもが不登校になったとき、母親はどのような行動をしましたか。また、何が不登校の原因だと思っていましたか。

3) どのようにして子どもの不登校の原因がわかりましたか。

4) 1年生の10月から行きはじめた塾の合宿で何がありましたか。そのときの母親の気持ちはどうでしたか。

5) 合宿のあと、母親の子どもに対する気持ちはどうなりましたか。

6) 今、この親子の親子関係はどのようなものだと思いますか。

資料—3　親の「負けるな」が「つらい」語彙

**謝る あやま	apologize	[12]
ある〜	certain 〜	[1]
委員長 いいんちょう	committee chairperson	[8]
いきさつ	circumstances details	[3]
**打ち明ける う　あ	confide, confess	[2]
**追いかけ回す お　まわ	run after	[9]
追い立てる お　た	evict, hurry	[2]
〜の思うつぼ	one's wishes	[16]
**顔色をうかがう かおいろ	try and gauge someone's feeling (from his/her expression)	[17]
かきむしる	tear, かく + むしる	[10]
*かっこ悪い わる	not look good, feel awkward	[2]
合宿(する) がっしゅく	lodging together for training〈lodge together for training〉	[2]
*活発(な) かっぱつ	lively, brisky	[8]
殻に閉じこもる から　と	withdraw into oneself	[4]
*傷つく きず	get hurt	[7]
屈する くっ	yield to, bow to	[16]
*けんか	quarrel	[4]
**誤解(する) ごかい	misunderstanding〈misunderstand〉	[4]
告白(する) こくはく	confession〈confess〉	[12]
〜児 じ	〜の子ども こ	[5]
**事実 じじつ	fact	[4]
**自信がつく じしん	get confidence	[14]
地元 じもと	local	[6]
塾 じゅく	private school, cram school	[2]
上京(する) じょうきょう	東京に行くこと とうきょう　い	[14]
ショウコウ	name of a cult leader	[11]
ずるける	idle	[10]
*ずる休み やす	truancy, playing hooky from school	[4]
**成績 せいせき	grades	[8]
**想像(する) そうぞう	imagination〈imagine〉	[9]
**体験(する) たいけん	experience〈experience〉	[5]
手がかかる て	need care	[8]
*転校(する) てんこう	changing schools〈change schools〉	[6]
独白(する) どくはく	monologue〈speak alone〉	[1]
新潟県 にいがたけん	Niigata prefecture	[4]
*励ます はげ	encourage	[4]
再び ふたた	もう一度 いちど	[6]
**負担(する) ふたん	burden, responsibility〈burden〉	[14]
*不登校 ふとうこう	non-attendance at school	[1]
*保育園 ほいくえん	nursery school	[8]
*暴力 ぼうりょく	violence	[10]
*ほっとする	feel relieved	[14]
**本心 ほんしん	real intention, conscience	[5]
負ける ま	lose, be beaten	[4]
民宿 みんしゅく	private lodging house	[8]
*わびる	apologize	[2]

資料—3　親の「負けるな」が「つらい」文型

【1】 N1 が原因で N2 になる　'N1 causes / results in N2; N1 のために N2 になる' [4]

［例］

  a. いじめが原因で不登校になった。

  b. 働きすぎが原因で病気になる人が増えてきた。

  c. ラッシュ時の事故が原因で交通渋滞になった。

［練習］

  d. 私は、＿＿＿＿＿＿＿＿＿＿＿＿＿＿＿＿が原因で、病気になった。

  e. ＿＿＿＿＿＿＿＿＿＿は＿＿＿＿＿＿＿＿が原因で、故障した。

  f. ＿＿＿＿＿＿＿＿＿＿＿＿＿＿＿＿＿＿＿＿。

【2】 N ／ V-る の につられ、〜　'Tempted by others' action or a state, one unintentionally does 〜; N / V-る のに影響されて、つい〜してしまう' [5]

［例］

  a. 他の不登校の子がいじめられ体験を語るのにつられ、初めて自分の体験を語った。

  b. 兄がいっしょうけんめい勉強しているのにつられ、ぼくも夜おそくまで勉強した。

  c. まわりの雰囲気につられ、自分であまり考えずに行動するのはいいことではない。

［練習］

  d. みんなが笑っているのにつられ、＿＿＿＿＿＿＿＿＿＿＿＿。

  e. ＿＿＿＿＿＿＿＿＿＿につられ、必要ではないのに買ってしまった。

  f. ＿＿＿＿＿＿＿＿＿＿＿＿＿＿＿＿＿＿。

【3】 S(plain) なんて 予想／想像／考え もしなかった　'(I) did not even expect / think / dream / that S' [9]

> **ひとくちメモ**
>
> まったく考えていなかったことが現実になったときの驚きの気持ちを強調して伝えるときに使います。やや堅い表現では、「なんて」のかわりに「などと(は)」を使います。
>
> This pattern indicates the speaker/writer's surprise for the unexpected turn of events of which (s)he did not even dream. The more formal counterpart for なんて is などと(は).

［例］

a. いじめられているなんて想像もしなかった。

b. この映画がヒットするなんて、考えもしなかった。

c. ぼくがこんないい会社に入れるなんて予想もしなかった。

［練習］

d. 私の一言が友だちをこんなに感動させるなんて、＿＿＿＿＿＿＿＿＿＿＿＿＿＿＿。

e. ＿＿＿＿＿＿＿＿＿＿＿＿＿＿＿＿＿＿＿＿＿なんて、夢にも思わなかった。

f. ＿＿＿＿＿＿＿＿＿＿＿＿＿＿＿＿＿＿＿＿＿＿＿＿＿＿＿＿。

【4】 V-る ばかりだ　'(it) keeps on going that S; V-る 一方だ' [17]

ひとくちメモ

「ばかりだ」の前には、「A-く／N に／AN になる」「V-て いく／くる」などの形で、悪い方向への状態の変化を表す表現が来ます。また、「〜化する」などの変化を表す表現も使えます。

ばかりだ is preceded by the expressions such as A-く／N に／AN になる and V-ていく／くる, which expresses a change for the worse. Verbs in the form of 〜化する or ようになる is also used in this pattern.

［例］

a. だんだん親として自信がなくなってくるばっかりだ。

b. インフレで、物価はますます高くなり、生活は苦しくなるばかりだ。

c. 親子の会話が少なくなって、世代間のコミュニケーションは悪化するばかりだ。

［練習］

d. ＿＿＿＿＿＿＿＿＿＿＿＿＿＿＿＿＿＿＿のので、失業者が増えるばかりだ。

e. 少子化と高齢化が進んで、＿＿＿＿＿＿＿＿＿＿＿＿＿＿＿＿＿ばかりだ。

f. ＿＿＿＿＿＿＿＿＿＿＿＿＿＿＿＿＿＿＿＿＿＿＿＿＿。

46

●資料─4「いま娘は充実　文化祭で活躍」予習シート●

●読む前に考えましょう

[1] 不登校の子どもを持った親は、子どもや自分についてどのようなことを考えると思いますか。

[2]「投書」ということばを聞いたことがありますか。

[3] 投書はだれが、どこに、何のためにするものですか。

●読みながら考えましょう

[1] どのような人がいつこの投書を書きましたか。職業は何ですか。

[2] 何がきっかけで学校探しが始まりましたか。その前の2年間は娘さんはどのような生活をしていましたか。

[3] 娘さんはどのような学校を選びましたか。

[4]「思わず目頭が…我慢した」のはだれですか。どうして我慢したと思いますか。

[5] 入学したあと、娘さんの学校生活はどうでしたか。

[6] 文化祭での出来事が書かれています。
　1）筆者は文化祭でどのようなものを見ましたか。

　2）何に感動しましたか。

　3）「感動の涙があふれたが、こらえた」のはどうしてだと思いますか。

　4）「…私は後悔した。私も泣けばよかった。」と思ったのはいつですか。どうしてですか。

5)「…居場所を見つけた思いだった」のはだれですか。どうしてそう思いましたか。

[7] 娘さんが新しい学校に入る前と入った後で、この親子はどう変わったと思いますか。

娘さん　　→

母親　　　→

資料—4 いま娘は充実　文化祭で活躍 **語彙**

* あふれる	flood	[3]	
** 一切 (いっさい)	ぜんぜん，まったく	[1]	
** 居場所 (いばしょ)	いるところ	[4]	
** 異文化 (いぶんか)	違う文化 (ちが　ぶんか)	[4]	
** 演奏(する) (えんそう)	playing (music instruments)〈play (music instruments)〉	[4]	
お化け屋敷 (ば　やしき)	haunted house	[3]	
** 思いっきり (おも)	to one's heart content	[4]	
** 思わず (おも)	in spite of oneself, involuntarily	[2]	
** 会場 (かいじょう)	the place (of meeting)	[3]	
** 学園 (がくえん)	学校 (がっこう)	[2]	
* 活気 (かっき)	vigor, spirit, energy	[3]	
** 楽器 (がっき)	musical instrument	[4]	
** 活躍(する) (かつやく)	being active in, taking an active part in〈be active in, take an active part in〉		
* 我慢(する) (がまん)	patience, endurance〈endure, control (restrain) oneself〉	[2]	
** 感激(する) (かんげき)	deep emotion〈be deeply moved (touched), be very impressed〉	[4]	
感動(する) (かんどう)	deep emotion〈be impressed, be moved〉	[4]	
頑張る (がんば)	do one's best, do what one can do	[3]	
* 企画(する) (きかく)	plan〈plan〉	[3]	
客席 (きゃくせき)	seat (in a theater)	[4]	
* 近隣 (きんりん)	近くの，近所の (ちか　きんじょ)	[1]	
* 見学(する) (けんがく)	inspection, study〈observe, visit〉	[2]	
* 後悔(する) (こうかい)	repentance, regret〈regret〉	[4]	

** 合格(する) (ごうかく)	passing an exam〈pass an exam〉	[2]	
こらえる	bear, endure	[4]	
* 支え (ささ)	support	[2]	
* 充実(する) (じゅうじつ)	being fullness, repletion〈be full, substantial〉		
* 瞬間 (しゅんかん)	moment	[4]	
** 準備(する) (じゅんび)	preparation〈prepare〉	[3]	
** 制服 (せいふく)	uniform	[2]	
** 総合 (そうごう)	comprehensive, all-around	[2]	
太鼓 (たいこ)	drum	[4]	
大盛況 (だいせいきょう)	be flourishing, be a big success	[3]	
* 遅刻(する) (ちこく)	being late for〈be late for〉	[3]	
朝鮮半島 (ちょうせんはんとう)	the Korean Peninsula	[4]	
* 通知(する) (つうち)	letter of notice〈give notice〉	[2]	
鼓型 (つづみがた)	hand-drum shaped	[4]	
手前 (てまえ)	in front of, out of regard	[2]	
投書(する) (とうしょ)	letter to the editor〈send a letter to the editor〉		
* 涙 (なみだ)	tear	[4]	
励まし (はげ)	encouragement	[2]	
はじける	burst open, split open	[3]	
* 雰囲気 (ふんいき)	atmosphere	[4]	
* 文化祭 (ぶんかさい)	annual school festival	[3]	
* 民謡 (みんよう)	folk music	[4]	
目頭が熱くなる (めがしら　あつ)	泣きそうになる (な)	[2]	
* 休みがち (やす)	休むことが多い (やす　おお)	[3]	
* 勇気 (ゆうき)	courage	[2]	
** 両面 (りょうめん)	both sides	[4]	

資料—4　いま娘は充実　文化祭で活躍 **文型**

【1】 N1 はおろか、N2 も　'not N2, let alone N1; not N2, much less N1; [1]
N1 どころか N2 も'

> ### ひとくちメモ
>
> この表現は、N1 も、N1 より可能性の高い N2 もどちらも話す人／書く人の期待していたこととととても違っていたという気持ちを表します。どちらも期待していたことからとても遠いことを言うことで、話す人／書く人の驚きや不満の気持ちを強調します。
>
> This pattern expresses that both N1 and slightly more plausible N2 are far from what the speaker/writer has expected. This is an emphatic expression to convey the speaker/writer's surprise or discontent with some situation.

［例］

a. 中学校はおろか、近隣へも一切外出しなくなって 2 年たった。

b. 娘は受験のために、食事はおろか、寝る時間も惜しんで勉強している。

c. このごろの日本の若者は、敬語はおろか、あいさつもできない人が増えているそうだ。

［練習］

d. 年をとると、＿＿＿＿＿＿＿＿＿＿＿＿＿はおろか、自分のこともできなくなる。

e. あの人は、＿＿＿＿＿＿＿＿＿はおろか＿＿＿＿＿＿＿＿＿もできないそうだ。

f. ＿＿＿＿＿＿＿＿＿＿＿＿＿＿＿＿＿＿＿＿＿＿＿＿＿＿＿＿＿。

【2】 V(stem) }
**　　　　 } がちだ　'tend to 〜; prone to 〜;** [3]
**　 N 　　}　　　　 V-る / ない傾向 (tendency) がある; V-やすい'**

> ### ひとくちメモ
>
> この表現は、だれかの行動のあまりよくない傾向を表します。V は「休む」「まちがえる」「忘れる」などのマイナスの意味を持ったことばが多いです。またあまりよくない状態について「病気がち」「留守がち」「くもりがち」など「N がち」も使われます。
>
> This expresses someone's undesirable tendency such as 'skipping classes' 'making mistakes' and 'forgetfulness' etc. N がち is also used to describe some undesirable tendency such as someone's inclination to become sick or be absent (from school), or the predominant cloudy weather.

[例]

a. 娘は1学期こそ休みがちだった。

b. 父親は仕事に忙しくて、子どもとゆっくり話をすることの大切さを忘れがちだ。

c. このごろ車で出かけることが多くて、運動不足になりがちだ。

[練習]

d. 最近、朝早く起きられなくて、＿＿＿＿＿＿＿＿＿＿＿＿＿＿＿＿＿がちだ。

e. 最近、忙しすぎて、＿＿＿＿＿＿＿＿＿＿＿＿＿＿＿＿＿＿＿＿がちだ。

f. ＿＿＿＿＿＿＿＿＿＿＿＿＿＿＿＿＿＿＿＿＿＿＿＿＿＿＿＿。

【3】S(plain) ものの〜　'although / in spite of the fact S, 〜; S けれど〜'　[3]

ひとくちメモ

「ものの」は「けれど」と意味はほとんど同じですが、「けれど」よりあらたまった
フォーマルなことばです。

ものの is a formal expression similar in meaning as that of けれど.

[例]

a. 娘は1学期こそ休みがちだったものの、2学期になると遅刻もせず頑張っていた。

b. 大学を卒業したものの、いい仕事がみつからなくて、家でぶらぶらしている。

c. やっと家を買ったものの、通勤時間が長くて、毎朝、5時に家を出なくてはならない。

[練習]

d. ＿＿＿＿＿＿＿＿＿＿＿＿＿＿＿＿＿＿＿ものの、なかなかうまくならない。

e. 女性が社会に出て働くことがめずらしくなくなったものの、＿＿＿＿＿＿＿＿。

f. ＿＿＿＿＿＿＿＿＿＿＿＿＿＿＿＿＿＿＿＿＿＿＿＿＿＿＿＿。

●資料―5 「私たちの人間宣言」予習シート●

●読む前に考えましょう

[1] 「宣言」ということばを聞いたことがありますか。どういう意味ですか。

[2] どのようなときに「宣言」をしますか。

[3] 「人間宣言」とはどのような内容だと思いますか。

●読みながら考えましょう

[1] いつ、だれがこの「人間宣言」をしましたか。

[2] 人間としての権利とはどのようなものでしょうか。今の「私たち」の人間としての権利の現状はどのようなものですか。

[3] 現状を変えるためには、何をしなくてはいけないと主張していますか。

[4] 何のためにこの「人間宣言」を宣言しますか。

[5] 人間宣言を1文ずつ読みましょう。どうしてこのような宣言をする必要があるのかを考えましょう。

[6] この宣言はだれに対して行ったものだと思いますか。

52

資料—5 私たちの人間宣言 語彙

*あらゆる N	すべての N, 全部の N	[8]
**安心(する) あんしん	peace of mind, freedom from care〈free relieved〉	[8]
言い分 い ぶん	言いたいこと, 意見	[8]
意気込み い き ご	eagerness, enthusiasm	[6]
～一同 いちどう	～全員, ～みんな	[9]
*いばる	swagger, put on airs	[8]
受けておらず う	受けていなくて	[1]
*訴え うった	appeal, petition, lawsuit, action	[3]
*応援(する) おうえん	aid, assistance〈help, aid, assist, reinforce〉	[4]
押し付け お つ	pressure, force	[8]
おどす	harass	[8]
*勝手に かって	selfishly	[8]
*きちんと	clearly	[8]
教師 きょうし	先生 せんせい	[8]
強制(する) きょうせい	enforcement〈enforce, force ～ to do〉	[8]
強要(する) きょうよう	demand〈demand〉	[8]
**検査(する) けん さ	inspection〈check, inspect〉	[8]
**権利 けん り	right, privilege	[8]
**国籍 こくせき	nationality	[8]
**個性 こ せい	personality, character	[8]
**差別(する) さ べつ	discrimination〈discriminate〉	[8]
**事情 じ じょう	situation, circumstance	[8]
**思想 し そう	thought, idea	[8]
**従う したが	follow, be obedient	[8]
**自由 じ ゆう	freedom, liberty	[8]
主体 しゅたい	the subject	[8]
**主張(する) しゅちょう	insistence, assertion	[8]

*障害 しょうがい	handicap	[8]
状態 じょうたい	situation, circumstance	[4]
*処分(する) しょぶん	disposal, punishment〈deal with〉	[9]
信条 しんじょう	creed	[8]
**人生 じんせい	one's life	[8]
**成績 せいせき	academic grades	[8]
**性別 せいべつ	gender	[8]
**絶対に ぜったい	absolutely	[8]
宣言(する) せんげん	declaration〈declare〉	[7]
束縛(する) そくばく	restraint〈restrain〉	[8]
*尊重(する) そんちょう	esteem, respect〈esteem, respect〉	[8]
第一歩 だいいっ ぽ	the first step	[7]
退学(する) たいがく	学校をやめること がっこう	[8]
体罰 たいばつ	physical punishment	[8]
**立場 たち ば	position, standpoint	[8]
**他人 た にん	ほかの人, よその人 ひと ひと	[8]
団結(する) だんけつ	union, cooperation〈unite〉	[4]
*力を合わせる ちから あ	cooperate	[6]
～と共に とも	with ～	[8]
*内申書 ないしんしょ	school report, confidential school report (on a pupil's record)	[8]
人間的扱い にんげんてきあつか	treatment as a human	[1]
人間としての権利 にんげん けん り	human rights	[1]
*年齢 ねんれい	age	[8]
**能力 のうりょく	ability, potentiality	[8]
**非行 ひ こう	delinquency, misconduct	[8]
*ひっくり返す かえ	turn over	[6]
服装 ふくそう	clothes	[8]

ぶっとばす	blow off	[9]
踏みにじる ふ	trample 〜 underfoot, crush 〜 one's feet	[1]
＊暴力 ぼうりょく	violence	[8]
没収(する) ぼっしゅう	confiscation〈confiscate〉	[8]

＊＊認める みと	allow, permit, acknowlege	[8]
＊＊許す ゆる	permit, tolerate	[8]
容姿 よう し	appearance	[8]

●資料―6「多様化する教育」予習シート●

●読む前に考えましょう

[1] 日本の教育とあなたの国の教育と同じ点がありますか。違う点はありますか。それはどのような点ですか。

[2] あなたから見て、日本の教育の良い点はありますか。問題点はありますか。それはどのような点ですか。どうしたら改善できると思いますか。

●読みながら考えましょう

日本の教育について資料1～5で考えてきました。その中から分かったことは、

① 教育の画一化という大きな流れがある。

② その画一的な教育を受け入れられない学生もいる。

③ ②の学生たちのことも考えて、学生一人一人の生き方にあった教育をしようという考えがある。

ということでした。そこで、ここではいろいろな教育の試みについて見ていきます。

[1] どのような試みですか。タイトルから考えましょう。

	試みの内容
a.「フリースクールってなあに？」	
b. ユニーク学科　高校に続々	
c. 大検とは？	
d. 個性育つか「飛び入学」	
e. 選んだ17歳	
f. 社会人入学	
g. 社会人教育に大学は努めて	
h. 96歳の大学生	

[2] 8つの試みのうち1つを選び、次の情報をまとめましょう。

　　1) どれを選びますか。

　　　　資料：＿＿＿＿＿＿＿＿＿＿

　　2) 何についての文章ですか。

　　3) そのシステム（機関）は、いつ始まりましたか。

　　4) だれが受けますか（学びますか）。

　　5) どのような資格がもらえますか。

　　6) 日本の教育制度の中で行われている一般的な教育との共通点（＝似ているところ）と、
　　　　相違点（＝違うところ）はどこですか。

[4] 他の試みについても情報をまとめましょう。

資料―6　多様化する教育　語彙

合言葉（あいことば）	password	[b3]
あえて	dare to do	[c19]
青田買い（あおたがい）	まだ実（みの）っていない田（た）を買（か）うこと，将来有望（しょうらいゆうぼう）の若（わか）い人（ひと）を大量（たいりょう）に採用（さいよう）すること	[d10]
あしきN	悪（わる）いN	[d2]
** 与（あた）える	give, provide	[a4]
** 扱（あつか）い	treatment	[a4]
* ありかた	the way it is	[a2]
** 案（あん）	plan	[d2]
** 意義（いぎ）	meaning, significance	[b8]
** 生（い）き証人（しょうにん）	witness	[h5]
** 行（い）き過（す）ぎる	overdo	[d10]
** 育成（いくせい）（する）	rearing, training〈rear〉	[b5]
** 意志（いし）	will, volition	[a2]
石垣（いしがき）	stone wall	[b11]
いずれにせよ	in all cases, in either case, anyway, anyhow	[a6]
** 一般（いっぱん）	general	[f3]
猪苗代湖（いなわしろこ）	Lake Inawashiro	[b8]
** 意欲（いよく）	will, desire, ambition	[d7]
* 医療機関（いりょうきかん）	medical institutions	[a4]
* いわば	so to speak, as it were	[a4]
** 受（う）け入（い）れ	receiving, acceptance	[f3]
** 受（う）け皿（ざら）	saucer	[a2]
** 打（う）ち出（だ）す	announce, set forth	[b7]
* 上回（うわまわ）る	be more than, exceed, top	[g3]
** 運営（うんえい）（する）	management, operation〈run, operate〉	[a5]
** 影響（えいきょう）を受（う）ける	receive influence	[a2]
得難（えがた）い	hard to get, rare	[h4]
** 得（え）る	obtain, get	[c4]
遠隔（えんかく）	remote, distant, out of reach	[g5]
** 援助（えんじょ）（する）	help, assistance〈help, assist, aid〉	[c14]
** 追（お）いかける	pursue	[b7]
* ～において	at ～	[g2]
** 欧米（おうべい）	Europe and America, the West	[a4]
大幅（おおはば）	substantial, big fall (rise)	[g3]
** 公（おおやけ）に	in public	[a4]
* ～における	～での	[f2]
推（お）し進（すす）める	go ahead with, press on	[b3]
* 恐（おそ）れ	fear, be afraid of	[d10]
* およそ～	approximately	[c15]
** 改革（かいかく）（する）	reformation, innovation〈reform, innovate〉	[b3]
** 開講（かいこう）（する）	offering a course〈offer a course〉	[f4]
開設（かいせつ）（する）	establishment, opening〈establish〉	[b8]
改編（かいへん）（する）	reorganization〈reorganize〉	[b3]
** 開放（かいほう）（する）	opening free admittance〈open, open to the public〉	[a5]
* かかわる	be engaged in	[a4]
** 各（かく）	all, every	[g2]
** 画一（かくいつ）	uniformity, standardization	[d2]
** 学外（がくがい）	学校（がっこう）の外（そと）	[d8]
各種（かくしゅ）の	various kinds of	[c5]
* 学習機会（がくしゅうきかい）	learning opportunity	[f2]
* 確信（かくしん）（する）	conviction, confidence〈be convicted of〉	[b13]

＊確保(する) かくほ	guarantee, maintenance 〈guarantee, ensure, maintain, insure, secure〉	[b6]
確立(する) かくりつ	establishment〈establish〉	[c15]
火星 かせい	Mars	[e5]
＊〜型 がた	type	[g4]
＊＊学科 がっか	school subject	[b1]
＊格好良い かっこうよ	looking fine, stylish, attractive	[b8]
＊＊活躍(する) かつやく	activity, action〈be active, take an active part in〉	[e7]
＊課程 かてい	course, curriculum	[c9]
＊＊可能(な) かのう	possible	[g5]
壁 かべ	wall	[b7]
過保護 かほご	overprotection	[e9]
＊＊環境 かんきょう	environment, circumstance	[b3]
＊＊観察(する) かんさつ	observation, survey 〈observe〉	[b11]
換算(する) かんさん	conversion〈convert〉	[a4]
＊＊慣習 かんしゅう	custom, practice	[g4]
＊＊関心 かんしん	concern, interest	[b3]
冠する かん	crown, call, entitle	[b3]
＊＊観点 かんてん	point of view, perspective	[b7]
＊キーワード	keyword	[b7]
貴金属 ききんぞく	precious metals	[e12]
＊＊技術 ぎじゅつ	technique, technology	[b11]
築く きず	build, establish	[g5]
吉報 きっぽう	good news	[h3]
＊＊希望(する) きぼう	hope, wish〈hope, wish〉	[c5]
救済措置 きゅうさいそち	relief measure	[c14]
＊＊教育界 きょういくかい	educational circles	[c2]
教員 きょういん	teacher	[a4]

＊＊共生(する) きょうせい	symbiosis, living together〈live together (symbiotically)〉	[b11]
教諭 きょうゆ	teacher	[d6]
＊具合 ぐあい	manner, way	[a3]
＊崩れる くず	collapse	[h4]
＊＊具体的(な) ぐたいてき	concrete	[a3]
〜系 けい	〜 system, 〜 group	[b3]
＊＊経営(する) けいえい	management〈run a business〉	[g2]
＊＊経験(する) けいけん	experience〈experience〉	[g3]
＊＊芸術 げいじゅつ	art	[a3]
形成(する) けいせい	formation〈form〉	[d10]
芸能 げいのう	public entertainment, accomplishments, attainments	[b7]
稀有(な) けう	rare	[d10]
＊＊激減(する) げきげん	drastical decrease 〈decrease drastically〉	[g2]
＊＊結果的(な) けっかてき	as a result, consequently, in consequence	[a2]
懸念(する) けねん	心配すること しんぱい	[g2]
現役 げんえき	some one an active list	[h2]
＊＊〜現在 げんざい	as of 〜	[f3]
現象 げんしょう	phenomenon	[c19]
＊現状 げんじょう	present situation	[f3]
検定 けんてい	official approval	[c2]
検討(する) けんとう	examination, investigation〈examine〉	[d8]
＊＊講義(する) こうぎ	lecture〈lecture〉	[g5]
公教育 こうきょういく	public education	[a2]
＊＊広告 こうこく	advertisement	[g5]
＊＊高度(な) こうど	advanced	[f3]
＊公表(する) こうひょう	official announcement, proclamation〈officially announce〉	[d2]

* 公務員 こうむいん	public servant, government employee	[b13]
考慮(する) こうりょ	consideration, taking into account 〈consider〉	[b13]
高齢者 こうれいしゃ	aged person, old people	[h3]
** 超える こ	exceed, pass, be more than	[c15]
心待ちにする こころま	look forward to	[h3]
** 個性 こせい	individuality, personality, idiosyncrasy	[b3]
国家試験 こっかしけん	state national exami- nation	[c5]
** 異なる こと	differ from	[f3]
米騒動 こめそうどう	rice riot	[h5]
昆虫 こんちゅう	insect, bug	[b11]
** 困難(な) こんなん	difficulty	[f4]
** 差 さ	difference	[g4]
在学者 ざいがくしゃ	学校で勉強している人 がっこう べんきょう ひと	[c8]
** ～に際して さい	when, on the occasion of ～	[c5]
* 在住(する) ざいじゅう	residence〈reside〉	[e4]
* 在籍(する) ざいせき	being enrolled in school 〈be enrolled at a school〉	[c7]
** 才能 さいのう	talent, ability	[d10]
さて	well	[a3]
** 様々(な) さまざま	various	[a4]
* さらに	また, それから	[c18]
* ～ざるを得ない え	～しないわけには いかない	[c14]
** 賛成(する) さんせい	approval, agreement, support, favor 〈approve, agree〉	[d9]
* 支援(する) しえん	support, help〈support, help〉	[a4]
** 資格 しかく	qualification	[a4]
志願(する) しがん	aspiration, volunteering, desire〈aspire〉	[b8]
仕組み しく	system, structure, setup, mechanism	[g5]
* 刺激(する) しげき	stimulus, impetus 〈stimulate〉	[d7]
* 資質 ししつ	one's endownent, one's nature	[e12]
私塾 しじゅく	private school	[a4]
** 自主的(な) じしゅてき	independent, autonomous, active	[a2]
** 事情 じじょう	circumstances	[c8]
* 施設 しせつ	facilities	[a5]
* 自宅 じたく	one's own home	[a5]
実業学校 じつぎょうがっこう	vocational school	[c13]
* 実施(する) じっし	enforcement, execution 〈enforce, execute〉	[d7]
指導(する) しどう	instruction〈instruct〉	[b5]
地元 じもと	local area	[b8]
** 市民 しみん	citizen	[g4]
* 占める し	occupy	[g3]
** 社会人 しゃかいじん	adult, full-fledged working member of society	[f1]
写真家 しゃしんか	photographer	[g5]
** 重視(する) じゅうし	importance, stress, serious consideration 〈stress〉	[b3]
修士課程 しゅうしかてい	Master's program	[f4]
* 充実(する) じゅうじつ	enrichment, completion, perfection〈enrich, complete〉	[g2]
* 集中(する) しゅうちゅう	concentration, intenseness〈concentrate (on), intensify〉	[g5]
終盤 しゅうばん	the last phase(stage)	[h3]
* 従来 じゅうらい	今までの, これまでの いま	[g5]
修了(する) しゅうりょう	completion (of a course)〈complete〉	[c8]
主眼 しゅがん	the main purpose	[f3]
** 主義 しゅぎ	doctrine, rule, principle	[d2]

受検者数 じゅけんしゃすう	the number of applicants	[c2]
種種の しゅじゅ	various	[c2]
**手段 しゅだん	measure	[c15]
出願者 しゅつがんしゃ	applicant	[c15]
**出席(する) しゅっせき	attendance〈attend〉	[a4]
**出発点 しゅっぱつてん	stating point	[a2]
取得(する) しゅとく	obtain〈obtain〉	[g5]
主任 しゅにん	chief	[b12]
*需要 じゅよう	demand	[f3]
生涯学習 しょうがいがくしゅう	lifelong study	[c21]
状況 じょうきょう	situation, condition	[b3]
商業 しょうぎょう	commerce, business	[b3]
**条件 じょうけん	condition, terms	[a5]
少子化 しょうしか	子どもが少なくなること こ　　　　すく	[g2]
常駐(する) じょうちゅう	being permanently stationed〈be permanently stationed〉	[a4]
情熱 じょうねつ	enthusiasm, passion	[g4]
**将来 しょうらい	future, prospects	[b9]
小論文 しょうろんぶん	short essay	[e6]
*昭和 しょうわ	the Showa Era	[c13]
職人 しょくにん	craftsman, artisan	[a4]
*徐々に じょじょ	gradually	[b7]
所属(する) しょぞく	affiliation〈affiliate, belong to〉	[e7]
所定の しょてい	designated, prescribed	[c4]
時流 じりゅう	the current of the time, trend	[b13]
**進学(する) しんがく	going on to a higher level school〈enter into a higher level of schooling〉	[b7]
**人格 じんかく	personality, character, individuality	[d10]
審議 しんぎ	deliberation	[d2]
振興 しんこう	promotion〈promote〉	[f2]

人材 じんざい	person of talent	[b6]
新設(する) しんせつ	新しくつくること あたら	[b3]
進路 しんろ	course, route	[b6]
推進(する) すいしん	propulsion, driving force, promotion〈drive forward〉	[b3]
水生 すいせい	aquatic	[b11]
*推薦(する) すいせん	recommendation〈recommend〉	[b9]
据える す	put	[d2]
巣立つ すだ	leave the nest	[b7]
*～制 せい	system of ～	[b5]
**成人 せいじん	adult	[g2]
生息(する) せいそく	inhabition〈live, inhabit〉	[b11]
*制度化(する) せいどか	systematization〈systematize〉	[f4]
*制約(する) せいやく	restriction, limitation〈restrict〉	[f4]
**積極的(な) せっきょくてき	positively, actively, on one's own initiative	[h6]
設置(する) せっち	establishment, institution〈establish〉	[b3]
設立(する) せつりつ	foundation, establishment〈found establish〉	[b5]
*迫る せま	draw near, press	[d2]
*専攻(する) せんこう	major field of study〈major (in)〉	[f4]
潜在能力 せんざいのうりょく	potential	[e9]
専修学校 せんしゅうがっこう	specialized school	[c13]
**選択(する) せんたく	selection, choice〈select〉	[b5]
全日制 ぜんにちせい	full-time (high school)	[c11]
選抜 せんばつ	selection	[e5]
**専門的(な) せんもんてき	expert, special	[e7]
像 ぞう	statue, image, figure, picture, portrait	[b9]

造園 ぞうえん	庭をつくること にわ	[b11]
**増加(する) ぞうか	increase〈increase〉	[c2]
早急 に そうきゅう	immediately, at once	[g5]
**総合 そうごう	synthesis, coordination, putting together	[b5]
阻害(する) そがい	obstruction〈obstruct〉	[d10]
**育つ そだ	be brought up, grow (up)	[d1]
それる	turn away, digress	[b8]
**存在(する) そんざい	existence〈exist〉	[a4]
体育 たいいく	physical education	[a3]
**対応(する) たいおう	correspondence 〈respond (to), correspond (to)〉	[b3]
**大学院 だいがくいん	graduate school	[f4]
**体験(する) たいけん	experience	[h5]
大検 だいけん	大学 入学資格検定 だいがくにゅうがくしかくけんてい	[a4]
**対象 たいしょう	target, object (of worship, study)	[d5]
第二次世界大戦 だいにじせかいたいせん	the world war II	[c13]
*ただし	but, however, only, provided that	[c4]
立ちはだかる た	block one's way, confront	[b7]
*達する たっ	reach	[f3]
**保つ たも	maintain	[g4]
**多様(な) たよう	various, diverse	[b3]
**単位 たんい	unit, denomination, credit (in school)	[d8]
短期大学 たんきだいがく	junior college	[f4]
担当(する) たんとう	(in) charge〈be in charge〉	[d6]
単独 たんどく	sole, independence, single, solo (flight)	[b5]
断念(する) だんねん	あきらめること	[c14]
**地域 ちいき	area, region	[b7]

中退(する) ちゅうたい	学校を途中でやめること がっこう とちゅう	[c2]
注目を集める ちゅうもく あつ	attract attention from	[c2]
*挑戦(する) ちょうせん	challenge〈challenge〉	[c20]
直結(する) ちょっけつ	direct connection 〈directly connect with 〉	[b11]
*通常 つうじょう	normally	[c5]
通信制 つうしんせい	correspondence system	[c7]
尽きる つ	be used up, run out, be exhausted, be consumed, come to an end	[b12]
努める つと	make effort to	[g1]
*つながる	connect	[d7]
定義(する) ていぎ	definition〈define〉	[d10]
*提供(する) ていきょう	offer, tender〈offer, tender〉	[d9]
**提言(する) ていげん	suggestion, a proposal 〈suggest〉	[d2]
定時制 ていじせい	part-time(high school)	[c7]
提唱(する) ていしょう	proposal, overture 〈put forward, propose, advance〉	[h6]
デザイン	design	[b10]
点検(する) てんけん	check〈check〉	[d2]
同 どう	the same	[f4]
**当日 とうじつ	that day	[a3]
当初 とうしょ	初めのころは はじ	[c14]
同等以上 どうとういじょう	more than equal	[c4]
*導入(する) どうにゅう	introduction〈introduce〉	[d4]
特色 とくしょく	characteristic, special feature	[b3]
独占(する) どくせん	monopoly〈monopolize〉	[g4]
**特別(な) とくべつ	special	[f3]
**独立(する) どくりつ	independence〈be (become) independent〉	[a5]
飛び込む と こ	jump in, leap in, plunge into, dive	[b7]

飛ぶ と	jump, skip	[d1]
土木 どぼく	public works	[b11]
とらわれる	stick (to a tradition), be seized with,	[g5]
取り組む と く	wrestle, tackle (a difficult problem)	[d7]
取りざたする	call ～ into question	[g2]
**努力(する) どりょく	effort〈make an effort〉	[g4]
*悩み なや	trouble, worry, distress, anguish, agony, problem	[b6]
**日常的(な) にちじょうてき	daily	[d7]
*入学(する) にゅうがく	entry to school or university, matriculation 〈matriculate〉	[c2]
認定(する) にんてい	approval, recognition 〈approve〉	[c4]
**～年度 ねんど	fiscal year of ～, business year of～	[b3]
**望む のぞ	hope	[g2]
伸ばす の	stretch, extend, grow (beard)	[d9]
伸び悩む の なや	be sluggish (business)	[b8]
図る はか	plan, strive for	[g5]
柱 はしら	pillar	[f2]
果たす は	carry out, accomplish	[h6]
破たん(する) は	failure, a breakdown 〈fail〉	[g2]
発祥の地 はっしょう ち	the birthplace	[a2]
発想(する) はっそう	idea〈get an idea from〉	[e12]
**発展(する) はってん	development, expansion 〈develop, grow, expand〉	[c15]
幅広い はばひろ	extensive, wide, broad	[b5]
**反映(する) はんえい	reflection, influence 〈reflect, influence〉	[a2]
磐梯山 ばんだいさん	Mt. Bandai	[b8]
**否定的(な) ひていてき	negative, contradictory	[d9]

**批判(する) ひはん	criticism〈criticize〉	[a2]
**費用 ひよう	expense	[a5]
ひらめき	flash, glitter	[e5]
*福祉 ふくし	welfare, well-being	[b2]
福島県 ふくしまけん	Fukushima prefecture	[b8]
*再び ふたた	また, それから	[c14]
奮起(する) ふんき	rousing oneself to action 〈rouse oneself to an action〉	[c23]
**分野 ぶんや	field of specialization	[b8]
変革(する) へんかく	revolution, upheaval, (the) Reformation 〈change, reform〉	[d2]
勉学 べんがく	勉強と学問 べんきょう がくもん	[c14]
方策 ほうさく	strategy	[g5]
**方面 ほうめん	area, direction	[g2]
*訪問(する) ほうもん	call, visit〈pay a visit〉	[a2]
補習 ほしゅう	supplementary lesson, an extra lecture	[a4]
募集(する) ぼしゅう	recruitment〈recruit〉	[e4]
発足(する) ほっそく	始まる はじ	[c14]
*本格 ほんかく	propriety, fundamental rules	[b12]
*～にまかせる	leave ～ to someone	[a3]
まちまち	different, various	[a5]
*招く まね	invite	[d4]
*満～歳 まん さい	person's age in full (*the Western style of counting age*)	[c4]
道筋 みちすじ	path, route	[c14]
**認める みと	approve, permit	[a4]
身の回り み まわ	one's personal belongings (effects)	[b13]
宮城県 みやぎけん	Miyagi prefecture	[b10]
**未来 みらい	future	[d2]

無形文化財 むけいぶんかざい	intangible cultural assets	[h6]
*明確(な) めいかく	clear up, acculate, definite	[b7]
めざす	aim at	[b5]
**目立つ めだ	be conspicuous, stand out	[b2]
**面接(する) めんせつ	interview test〈have an interview with someone〉	[e5]
*もうける	provide, prepare, arrange	[a3]
目撃(する) もくげき	eyewitness〈eyewitness〉	[h5]
目前 もくぜん	before your very eyes	[b12]
*もしくは	or, あるいは	[c7]
文字どおり もじ	literally	[a2]
もっぱら	wholly, entirely	[h4]
*文部省 もんぶしょう	the Ministry of Education	[b3]
夜間部 やかんぶ	evening classes	[f4]
*約 やく	about, approximately	[f4]
**役割 やくわり	role	[h6]
有する ゆう	ある	[f4]
ゆがめる	distort, bend, curve	[d10]

*夢 ゆめ	dream	[b7]
要望(する) ようぼう	demand, wishes〈demand for, request〉	[b8]
予備校 よびこう	preparatory school	[c19]
*〜により	due to 〜	[f4]
履修(する) りしゅう	study〈study〉	[d8]
*〜率 りつ	rate, ratio, proportion, percentage	[b8]
*理念 りねん	idea	[d2]
緑地 りょくち	green tract of land	[b10]
連携(する) れんけい	connection, tie, link	[a4]
浪人 ろうにん	*high-school graduate who has failed to enter a college and is waiting for another chance*	[h3]
路線 ろせん	route, line	[b3]
我が国 わ　くに	自分の国, 私の国 じぶん　くに　わたし　くに	[g2]
枠 わく	frame, framework, limit	[a3]
枠組み わくぐ	flame, outline	[b9]
*〜にわたって	over 〜, throughout 〜	[f5]
**割合 わりあい	percentage	[g3]

若者の感性

キーワード

青春	せいしゅん	youth
若者	わかもの	youth, young people
流行（する）	りゅうこう	trend, fashion 〈be in fashion〉
友だち	ともだち	friend
人間関係	にんげんかんけい	human relations
外見	がいけん	appearance
内面	ないめん	the inside, one's mind
世代	せだい	generation

●資料─1「いつの時代も若者は」予習シート●

●読む前に考えましょう

[1] あなたの国には若者ファッションがありますか。大人たちの反応はどうですか。

[2] 昔の若者ファッションには、いつごろ、どのようなものがありましたか。そのときの社会の反応はどうでしたか。

●読みながら考えましょう

[1]「ジーパン　レディーははかぬ?」について

　1) この記事はいつの記事ですか。どこでの話ですか。

　2) 5月11日にベーダさんとA子さんの考えの違いがはっきりしました。ベーダさんはどのような考えを持っていますか。A子さんはどうですか。

　3) 5月18日と25日にはどのようなことがありましたか。若者はこの問題についてどのように考えていますか。みな同じ意見を持っていますか。

　4) ベーダさんはこの問題からどのような結論を出しましたか。

[2]「ジーパンで解雇とは…　こんどはOLが訴える」について

　1) あなたはジーパンについてどのようなイメージを持っていますか。あなたの身近にジーパンをはいている人はどのくらいいますか。

　2) いつごろの記事ですか。

　3) どのような事件ですか。

　4) 記事から、その時代とジーパンとの関係についてどのようなことが分かりますか。

資料―1 いつの時代も若者は 語彙

**明らか(な) <small>あき</small>	clear, distinct, plain, evident, obvious	[a2]
**～あげる	～てしまう	[a7]
**争い <small>あらそ</small>	competition, contest, dispute, argument	[a11]
**新た(な) <small>あら</small>	新しい <small>あたら</small>	[b2]
**現れる <small>あらわ</small>	appear, show up	[a7]
*いきなり	abruptly, all of a sudden, suddenly	[b2]
**意思 <small>いし</small>	intention, wish	[a2]
*～いっぱい	by the end of ～	[a7]
挑む <small>いど</small>	challenge, defy	[a2]
訴える <small>うった</small>	appeal to the law, sue	[b1]
**影響(する) <small>えいきょう</small>	influence〈influence〉	[a11]
*エスカレート(する)	escalating〈escalate〉	[a2]
**追い出す <small>お だ</small>	turn out, drive out, oust	[a3]
**老いる <small>お</small>	年をとる，年寄りになる <small>とし　　　　としよ</small>	[a2]
黄金時代 <small>おうごん じ だい</small>	the golden age	[a11]
*ＯＬ <small>オーエル</small>	office girl (office lady は和製英語) <small>わ せいえい ご</small>	[b1]
**表向き <small>おもて む</small>	official, ostensible, for the record	[b4]
*解雇(する) <small>かい こ</small>	discharge, dismissal〈fire〉	[b1]
**開始(する) <small>かい し</small>	はじめること	[a5]
勝手が違う <small>かって　　ちが</small>	be out of one's element, not be in one's line	[a9]
かって出る <small>で</small>	volunteer	[a7]
**活動(する) <small>かつどう</small>	activity〈be active〉	[b2]
仮処分 <small>かりしょぶん</small>	provisional disposition, provisional punishment	[b2]
**～側 <small>がわ</small>	side	[a9]
かんでふくめる	carefully take great pains to give a clear idea of	[a9]
**規則 <small>き そく</small>	regulation, rule	[a10]
岐阜 <small>ぎ ふ</small>	Gifu prefecture	[b2]
教壇 <small>きょうだん</small>	the platform (at school)	[a4]
**議論(する) <small>ぎ ろん</small>	discussion〈discuss, dispute〉	[a2]
**勤務(する) <small>きん む</small>	勤める，会社で働く <small>つと　　　かいしゃ　はたら</small>	[b2]
*くだらない	worthless, trashy	[a11]
*繰り返す <small>く かえ</small>	repeat	[a6]
経営不振 <small>けいえい ふ しん</small>	financial difficulties	[b3]
*～権 <small>けん</small>	authority, right, privilege	[b2]
*抗議(する) <small>こう ぎ</small>	protest〈protest against〉	[a2]
**講義(する) <small>こう ぎ</small>	lecture〈lecture〉	[a2]
降参(する) <small>こうさん</small>	surrender〈surrender, submit, give in〉	[a11]
*講師 <small>こう し</small>	lecturer	[a2]
紅潮(する) <small>こうちょう</small>	flush, blush〈flush, blush, go red〉	[a9]
腰かける <small>こし</small>	すわる	[a9]
雇用(する) <small>こ よう</small>	employment〈employ〉	[b4]
*再～ <small>さい</small>	もう一度 <small>いち ど</small>	[b4]
**作業(する) <small>さ ぎょう</small>	work〈work, perform a task〉	[b3]
**差別(する) <small>さ べつ</small>	discrimination〈discriminate〉	[a2]
サボリ	loaf, cut (classes)	[a11]
ジーパン	jeans と pants を組み合わせた和製英語 <small>く あ　　　　わ せいえい ご</small>	[a1]
**支持(する) <small>し じ</small>	support, backing〈support〉	[a2]
**事実 <small>じ じつ</small>	fact, reality, case, truth	[a6]
**私生活 <small>し せいかつ</small>	private life	[b4]

** 質（しつ）	quality	[a11]
辞任（じにん）(する)	resign〈resign〉	[a2]
辞表（じひょう）	resignation letter	[a7]
* 占める（し）	occupy	[a8]
** 習慣（しゅうかん）	custom, habit	[a6]
** 終戦（しゅうせん）	戦争（せんそう）が終（お）わること	[a4]
** 住宅（じゅうたく）	residence, a house	[b3]
* 受講（じゅこう）(する)	attending a lecture (class)〈attend a lecture (class)〉	[b2]
* 出社（しゅっしゃ）(する)	会社（かいしゃ）に行（い）くこと	[b4]
* 処分（しょぶん）(する)	dealing, disposition, penalty, punishment〈dispose of, deal with〉	[b2]
* 申請（しんせい）(する)	application, request, petition〈apply〉	[b2]
* 姿（すがた）	appearance	[a8]
すごすごと	dejectedly	[a5]
〜ずじまい	〜しないでおわる	[a9]
* 製造業（せいぞうぎょう）	the manufacturing industry	[b3]
声明（せいめい）	statement, declaration, announcement	[a2]
ゼッケン	number（ドイツ語（ご）の Decken）	[b4]
専務（せんむ）	managing director	[b4]
争点（そうてん）	point in dispute	[b2]
そろう	be complete	[a7]
退散（たいさん）(する)	dispersal〈disperse, run away, flee〉	[a5]
大卒（だいそつ）	大学（だいがく）を卒業（そつぎょう）した人（ひと）	[b4]
** 態度（たいど）	attitude	[b2]
ダウン(する)	going down〈go down, decline〉	[a11]
* 確（たし）かめる	ascertain, make sure	[a6]
* 地位（ちい）	status	[b2]
地裁（ちさい）	地方裁判所（ちほうさいばんじょ）, district court	[b2]
聴講（ちょうこう）(する)	attending a lecture〈attend, audit〉	[a8]
** 直接（ちょくせつ）	direct	[a9]
* 通訳（つうやく）(する)	interpretation〈interpret〉	[a7]
慎（つつし）む	be discreet, be prudent	[b4]
つめかける	crowd, besiege	[a2]
** 同（どう）〜	the same 〜, 〜 in question, 〜 at issue	[a7]
* 同情（どうじょう）(する)	sympathy〈sympathize, feel sympathy〉	[a8]
** 得意（とくい）とする	be good at	[a9]
年老（としお）いる	年寄（としよ）りになる, 老人（ろうじん）になる	[a7]
豊中市（とよなかし）	Toyonaka city	[a2]
* 取（と）り消（け）す	cancel, withdraw	[a2]
トレース	trace	[b3]
投（な）げかける	cast, throw	[b2]
* ナマケモノ	idle person, lazy fellow	[a11]
* 入社（にゅうしゃ）(する)	会社（かいしゃ）に入（はい）ること	[b3]
* 〜ぬ	〜しない	[a1]
白熱（はくねつ）する	become white-hot	[b2]
** 発言（はつげん）(する)	意見（いけん）を言（い）うこと	[a2]
波紋（はもん）	ripple, stir, sensation	[b2]
非常勤（ひじょうきん）	part-time	[a4]
** 批判（ひはん）(する)	criticism, comment〈criticize〉	[a2]
ビラ	flier, leaflet	[b2]
風俗（ふうぞく）	customs, public morals, public decency	[a2]
不誠実（ふせいじつ）(な)	insincere	[a6]
* 付属（ふぞく）	being attached to, belonging to	[a4]
* 文明（ぶんめい）	civilization	[a2]

保全(する) <ruby>ほ<rt></rt></ruby>ぜん	conservation, preservation〈conserve〉	[b2]
発端 ほったん	はじまり, 最初 <ruby>さいしょ<rt></rt></ruby>	[a5]
ほぼ〜	大体〜 だいたい	[a8]
巻きこむ ま	roll in, engulf, swallow	[a2]
まくし立てる	talk on and on, rattle on	[a5]
まじえる	mix, cross, exchange	[a9]
**守る まも	protect	[a10]
身振り みぶ	gesture	[a9]
*見守る みまも	watch over, stare, gaze at	[a11]
民事部 みんじぶ	civil affairs section	[b2]

*めぐる	over	[a2]
ヤジを飛ばす と	hoot, jeer	[a9]
ヤバンジン	野蛮人, barbarian, やばんじん savage	[a11]
やりかえす	answer back, retort	[a9]
**様子 ようす	look, condition	[a9]
翌〜 よく	次の〜 つぎ	[b4]
乱用(する) らんよう	abuse〈abuse〉	[b2]
**理由 りゆう	reason	[b2]
*論争(する) ろんそう	discussion, dispute 〈dispute, controvert〉	[a2]

資料—1　いつの時代も若者は 文型

【1】 S(plain) として〜　'considering that S, 〜; having concluded that S, 〜; S という理由で〜' [a8]
りゆう

> **ひとくちメモ**
>
> この表現は、「という公的な理由で」という意味のかたい表現で、おもにニュースや
> ひょうげん　　　　　こうてき　りゆう　　　　　　いみ　　　　　ひょうげん
> 新聞記事に使われます。
> しんぶんきじ　つか
>
> This is a rather formal expression indicating an alligation for some state of affairs and is used almost exclusively in news scripts or newspaper articles.

[例]

a. ジーパンをはいていた**として**教室から追い出された。
お

b. その人は、会社のお金を使いこんだ**として**、解雇された。
かいこ

c. その政治家は、賄賂を受けとった**として**、逮捕された。
せいじか　わいろ　　　　　　　　　たいほ

[練習]

d. その高校生は＿＿＿＿＿＿＿＿＿＿＿＿として、高校をやめさせられた。

e. 大江健三郎は＿＿＿＿＿＿＿＿＿として、ノーベル文学賞をもらった。
おおえけんざぶろう　　　　　　　　　　　　　　　　しょう

f. ＿＿＿＿＿＿＿＿＿＿＿＿＿＿＿＿＿＿＿＿＿＿。

●資料—2「何を着ようが僕たちの勝手？」予習シート●

●読む前に考えましょう

[1] あなたの国の若者はどんな服装をしていますか。それに対してどんな意見がありますか。

[2] 日本の若者はどんな服装をしていますか。どう思いますか。

[3] 「だらしな系ファッション」ということばを聞いたことがありますか。どういう意味ですか。

●読みながら考えましょう

[1] 山口市に住むある主婦は「理解に苦しむ『だらしな系』ファッション」という題で投稿をしたようです。どのような内容だったと思いますか。

[2] この主婦の投書がきっかけで、いろいろな意見が送られてきたようです。どのような内容の投書がありましたか。

[3] 投書 a〜j について考えましょう。

   1）それぞれの投書を書いた人はどのような人ですか。その人はどのようなグループの代表だと思いますか。表を完成しましょう。

	年齢	性別	職業	グループ
a	41			
b		男性		
c			高校生	
d				「だらしな系」ファッションをする人と同世代
e				
f				
g				
h				
i				
j				

2）10の投書のうち、1つを選んでください。

投書：＿＿＿＿＿＿＿＿＿＿＿

3）その投書について、次の情報をまとめましょう。
  a)「だらしな系」ファッションに賛成していますか。反対していますか。

（賛成・反対・どちらとも言えない）

  b）なぜそのような意見を持っていますか。

  c）他の投書と関係がありますか。

[4] 他の投書についても情報をまとめましょう。

資料—2　何を着ようが僕たちの勝手？ **語彙**

＊＊改めて あらた	again, another time, anew	[f3]
＊＊案外 あんがい	unexpectedly	[h4]
追い越す お　こ	get ahead	[j2]
横転(する) おうてん	ころぶ	[j3]
＊〜に陥る おちい	fall, trap	[e5]
＊＊回収(する) かいしゅう	collection, recovery 〈collect〉	[d8]
改造(する) かいぞう	remodeling〈remodel〉	[e3]
覚せい剤 かく　　ざい	stimulant	[f4]
＊隠れる かく	hide, conceal oneself, disappear	[h3]
＊格好いい かっこう	smart, fine, attractive, stylish	[b3]
勝手(な) かって	one's own convenience	[2]
気がかり き	心配 しんぱい	[i6]
希望(する) きぼう	hope〈hope〉	[a5]
強調(する) きょうちょう	emphasis〈emphasize〉	[d4]
＊＊興味 きょうみ	interest (in something)	[d2]
規律 きりつ	discipline	[g5]
〜を禁じえない　つい〜してしまう		[h3]
首をひねる くび	不思議に思う, 賛成 ふしぎ　おも　　さんせい できない	[e2]
＊繰り返す く　かえ	repeat	[f4]
＊苦しむ くる	suffer, pain	[1]
〜系 けい	system, lineage, group	[1]
掲載(する) けいさい	appearance (in a paper) 〈appear〉	[1]
けなす	悪く言う わる　い	[g3]
厳格(な) げんかく	厳しい きび	[a5]
＊＊行為 こう　い	behavior, action	[d4]
候補 こうほ	candidate	[i3]
＊＊小言 こごと	scolding	[a3]
＊腰 こし	waist	[e4]
根本的(な) こんぽんてき	basic, fundamental	[c4]
叫ぶ さけ	scream	[a6]
避ける さ	avoid	[g5]
＊自己満足(する) じ　こ　まんぞく	self-satisfaction 〈be self-satisfied〉	[e5]
〜しだいだ　〜わけだ		[d2]
しつけ	discipline	[a6]
＊地面 じ　めん	ground, earth's surface	[2]
衝突(する) しょうとつ	collision〈collide〉	[a3]
＊＊神経 しんけい	nerve	[f3]
＊真剣(な) しんけん	seriousness, earnestness	[f3]
筋合い すじあ	理由 りゆう	[b5]
＊勧める すす	recommend	[d7]
ずらす	shift, move, delay	[d4]
すれ違う ちが	pass each other	[e3]
相違(する) そうい	違い ちが	[a3]
損をする そん	lose, suffer a loss	[g5]
ダサイ	格好わるい かっこう	[a4]
たまりかねる　がまんできない		[a3]
＊だらしない	untidy	[1]
＊単純(な) たんじゅん	simplicity	[d3]
知恵 ち　え	wisdom, intelligent	[h3]
＊遅刻(する) ちこく	lateness, late coming 〈be late〉	[e4]
茶髪 ちゃぱつ	茶色にそめた髪 ちゃいろ　　　　かみ	[j2]
ついていく	follow	[a5]
＊通用(する) つうよう	being accepted 〈be accepted〉	[c5]
提案(する) ていあん	suggestion〈suggest〉	[i3]
投稿(する) とうこう	contribution, submission 〈contribute〉	[h2]

投書(する) とうしょ	letter to the editor〈send a letter to the editor〉	[1]
当選(する) とうせん	being elected〈be elected〉	[i3]
胴長短足 どうながたんそく	胴が長くて足が短いこと どう なが あし みじか	[d4]
*討論(する) とうろん	debate, discussion〈debate, discuss〉	[d2]
とがらす	sharpen	[f3]
捕える とら	理解する り かい	[c4]
**努力(する) どりょく	great effort, exertion, endeavor, effort〈make great effort〉	[h4]
嘆かわしい なげ	残念な ざんねん	[a2]
納得(する) なっとく	よくわかること	[1]
生意気(な) なまいき	saucy	[g6]
脱げる ぬ	come off, slip off down	[e4]
～派 は	group, party	[d3]
売春 ばいしゅん	prostitution	[f4]
白熱する はくねつ	get exited	[d2]
恥 はじ	shame, disgrace	[c4]
流行 はやり	fashion	[b3]
範囲 はんい	extent	[i5]
**判断(する) はんだん	judgement〈judge〉	[h3]
反応(する) はんのう	reaction〈react〉	[i6]
*反発(する) はんぱつ	repelling, rebound,〈oppose, repel〉	[a3]
皮肉 ひにく	sarcasm, satire	[2]
批判(する) ひはん	criticism〈criticize〉	[b2]
飛躍(する) ひやく	jump〈jump〉	[a5]
**不安(な) ふあん	心配 しんぱい	[a5]
不快感 ふかいかん	unpleasantness	[e5]
噴き出す ふ だ	spout, burst out laughing	[e4]
不気味(な) ぶきみ	weird, ominous, eerie	[e3]
服装 ふくそう	clothes	[2]
*不潔(な) ふけつ	uncleanness, dirtiness, impurity	[d5]
不相応(な) ふそうおう	unsuited, inappropriate, improper	[h3]
*不愉快(な) ふゆかい	discomfort, unpleasantness	[h3]
不利(な) ふり	disadvantageous	[g5]
隔たり へだ	gap	[i8]
**変化(する) へんか	変わる か	[b5]
朗らか ほが	cheerful, merry	[h4]
*誇り ほこ	pride	[d4]
補聴器 ほちょうき	hearing aid	[a2]
股 また	crotch	[e4]
見苦しい みぐる	unsightly, ugly	[e3]
身だしなみ み	one's appearance	[a6]
見習う みなら	follow another's example	[h4]
ムカつく	be disgusted	[h1]
迷惑(する) めいわく	trouble〈be troubled〉	[g3]
目くじらを立てる め た	おこる	[g6]
もがく	struggle	[j4]
模索(する) もさく	探すこと さが	[i5]
*役目 やくめ	duty, business	[f1]
*ユーモア	humor	[h1]
誘惑(する) ゆうわく	temptation, allurement, lure〈tempt〉	[f5]
容認(する) ようにん	ゆるすこと	[d3]
寄せる よ	send, contribute	[1]
理解(する) り かい	understanding〈understand〉	[e1]
理屈抜きに り くつ ぬ	without theory, without reason	[h3]
論議(する) ろん ぎ	discussion〈discuss〉	[h2]

資料—2　何を着ようが僕たちの勝手？ **文型**

【1】 何を V-よう が〜　'no matter what one does, 〜; 何を V-て も〜' [2]

> **ひとくちメモ**
>
> 「何」のほかに「だれ、どこ、どんな」などの疑問のことばと使われます。
>
> In addition to 何, interrogative words such as だれ, どこ or どんな are also used in this pattern.

［例］

a. 何を着ようが僕たちの勝手。

b. 子どもたちが何を言おうが、言い続ける。うるさい親だと思われようが、言い続ける。

c. 何をしようが、どこへ行こうが、私の自由だ。

［練習］

d. どんなに反対されようが、_____。

e. _____が、自分が決めたことは変えたくない。

f. _____。

【2】 V-る につけ　'every time one does something, 〜; V-る たびに〜' [a2]

> **ひとくちメモ**
>
> 「見る、聞く、思う、考える」などとともに使われます。あとに続く部分も「思う、考える、思い出す」などの思考や「嘆かわしい、悲しくなる」などの感情を表す内容であることが多いです。
>
> This pattern is used idiomatically with verbs such as 見る, 聞く, 思う or 考える, and is followed by the main clause expressing one's thoughts or feelings.

［例］

a. 中高生のファッションを見るにつけ、ほとほと嘆かわしくなる。

b. 昔の写真を見るにつけ、私たちのまわりに自然がなくなったことを考えさせられる。

c. 朝の満員電車で寝ている人を見るにつけ、サラリーマンの生活の大変さを思う。

［練習］

d. 家庭と仕事を両立している人の話を聞くにつけ、_____。

e. _____につけ、規則正しい生活をしなくてはいけないと思う。

f. _____。

【3】 N
         } ならともかく   'if N / S that's another story. But 〜;   [d6]
  S(plain)   N の / S 場合は別だが〜'

> **ひとくちメモ**
>
> 「N は別だが」に似ています。極端な例を対比させながら今の状態の程度について意見を言うときに使います。
>
> This is similar to N は別だが, and is used to express the speaker/writer's opinion about some situation by contrasting it with an extreme example.

［例］

a. 中年の方々も、自分の子供ならともかく、他人の子供なら、そう嘆くこともないでしょう。

b. 財布を落としたそうだけど、クレジットカードが入っていたならともかく、現金だけなら、あきらめたほうがいいよ。

c. 子どもならともかく、社会人なら、自分の言ったことに責任を持ちなさい。

［練習］

d. _____ならともかく、学生だったら、もっと本を読むべきだ。

e. もうほかに方法がないのならともかく、_____。

f. _____。

【4】 S(plain) からといって〜　'just because S, 〜; S であっても〜'　[h3]

［例］

a. だらしな系ファッションをしているからといって、悪い子たちだとはけっして思いません。

b. 茶髪だからといって、不まじめな生徒だとはかぎらない。

c. 何を着ようが勝手だからといって、まわりの人が不快に感じるような服装はしないほうがいい。

［練習］

d. 大人だからといって、_____。

e. _____からといって、病気になるほど勉強するのはよくない。

f. _____。

●資料—3「増える「視線平気症候群」」予習シート●

●読む前に考えましょう

[1] あなたの国では「外ではしないこと」つまり「私的な場でしかしないこと」があります
か。それはどのようなことですか。

[2] 日本では「外ではしないこと」つまり「私的な場でしかしないこと」があると思います
か。それはどのようなことだと思いますか。

●見出しを見て考えてましょう

[1] 「電車の中で化粧したり抱き合ったり　増える『視線平気症候群』」
　　1）だれが「電車の中で化粧したり抱き合ったり」しますか。

　　2）「視線平気症候群」はだれからの視線が平気だと思うのでしょうか。

[2] 「変わるプライバシー感覚」
　　1）だれの感覚がどのように変わったのでしょうか。前はどのような感覚で、今はどのよ
　　　うな感覚だと思いますか。

[3] 「車内、ただの連絡通路に」
　　1）記事を書いた人は、どこで観察したと思いますか。

[4] 「『自分の世界』に浸る若者」
　　1）だれについての記事ですか。「自分の世界」とはどのような世界だと思いますか。

●読みながら考えましょう

[1] 前書きについて
　　1）最近、街では若者のどのような姿が多く見られるようになりましたか。

　　2）このような変化を、一般の人はどう思っていますか。街の観察者や識者はどう思って
　　いますか。

76

[2] 筆者の観察について
　　1）筆者は東京都内の地下鉄でどのような観察をしましたか。

　　2）この観察からどのようなことが分かりましたか。

[3] 「寝顔絵師」の保倉さんは人々の電車内での態度は変わったと言っています。
　　1）前はどうでしたか。

　　2）今はどうなりましたか。

[4] 名古屋市の岡本さんが見た光景について
　　1）どのようなものでしたか。

　　2）その光景は [3] のどちらの例ですか。

　　3）どうして若者はこのようなことをするようになったのか、岡本さんの考えを書いてください。

[5] 関西大学の永井助教授の分析について
　　1）この現象をどのように分析していますか。

　　2）何がきっかけでこの現象が生まれたのでしょうか。どうしてそれがきっかけになったのでしょうか。

　　3）これから日本の人々はどのようにしてプライバシー感覚のバランスをとっていくと予測していますか。

[6] あなたはこの現象をどう思いますか。

資料—3　増える「視線平気症候群」**語彙**

** 暑苦しい あつくる	oppressively warm, sultry, stuffy	[1]
網 あみ	net	[9]
ありふれた	common, ordinary, familiar	[6]
** 意識(する) いしき	consciousness 〈be conscious of, be aware of〉	[5]
** 一段落する いちだんらく	be settled	[3]
一家言 いっかげん	one's own opinion, personal view	[4]
居眠り(する) いねむ	doze 〈doze off, drowse〉	[4]
* いわば	so to speak	[1]
絵師 え　し	painter	[4]
枝毛 えだ　げ	split hair	[3]
** 往復 おうふく	both ways	[3]
** お互いに たが	(with) each other, mutually	[10]
** 外部 がいぶ	outside	[5]
* 隠す かく	hide	[9]
** 数える かぞ	count	[3]
〜形 になる かたち	take the form of 〜	[5]
** 価値観 か　ち　かん	sense of values	[10]
* かつて	むかし，前 まえ	[5]
** 過程 か　てい	process	[8]
髪をとく かみ	brush one's hair	[3]
** 感覚 かんかく	sense, feeling	[2]
** 環境 かんきょう	environment	[8]
関西大学 かんさいだいがく	Kansai University	[8]
** 観察(する) かんさつ	observation 〈observe〉	[1]
兆し きざ	symptoms, signs, indications, omen	[1]
共著 きょうちょ	co-author	[6]

** 共有(する) きょうゆう	joint ownership 〈share, jointly own, commonly own〉	[10]
極み きわ	the apex, the extremity, the utmost	[6]
** 空間 くうかん	space	[7]
* 崩れ くず	collapse, crumbling	[8]
* 〜組 くみ	〜 pairs, 〜 sets	[3]
** 経験(する) けいけん	experience 〈experience〉	[10]
* 携帯電話 けいたいでん　わ	cellular phone	[1]
* 化粧 をする けしょう	put on make-up, make up	[1]
** 結果 けっ　か	result	[3]
* 光景 こうけい	scene	[6]
** 公私 こう　し	public and private	[1]
構築(する) こうちく	construction 〈construct〉	[8]
* 個室 こしつ	private room	[7]
** 個人的(な) こ　じんてき	personal, individual	[9]
** 異なる こと	be different	[10]
境目 さかい　め	boundary line, borderline	[1]
* 探る さぐ	search	[10]
市営 し　えい	run by the city	[6]
識者 しきしゃ	intelligent, informed, learned people	[1]
* 視線 し　せん	glance	[1]
事物 じ　ぶつ	things	[6]
授乳(する) じゅにゅう	nursing a baby 〈nurse a baby〉	[7]
** 状 況 じょうきょう	situation	[7]
症 候群 しょうこうぐん	syndrome	[1]
助 教授 じょきょうじゅ	associate professor	[8]
スケッチ(する)	sketch 〈sketch〉	[4]
* 〜性 せい	nature of 〜	[9]
** 世代 せ　だい	generation	[10]

*接点 せってん	points of contact	[5]
*〜そのもの	〜 itself	[5]
**〜を対象にする たいしょう	take 〜 as subjects	[3]
抱き合う だ あ	embrace each other	[1]
**他人 たにん	others, unrelated people	[5]
**多様(な) たよう	variety	[10]
*誕生(する) たんじょう	being born〈be born〉	[9]
**単なる〜 たん	mere 〜, only 〜	[5]
通勤途上 つうきんとじょう	会社へ行く途中 かいしゃ い とちゅう	[4]
*通勤ラッシュ つうきん	rush hours of commuting	[3]
*通路 つうろ	corridor, path, way	[5]
*〜つつある	be about to	[1]
つめ切り き	clipping one's nails	[3]
**程度 ていど	degree	[10]
透過 とうか	permeation	[9]
登場(する) とうじょう	appearance〈appear〉	[9]
*〜も同然だ どうぜん	virtually 〜	[5]
透明(な) とうめい	transparency	[9]
**流れ なが	trend	[9]
名古屋市 なごやし	Nagoya city	[6]
にじみ出す だ	ooze out	[5]
〜人掛けシート にん が	〜人が座れるシート すわ	[3]
寝顔 ねがお	one's sleeping face	[4]
*延びる の	extend	[5]
乗り継ぐ の つ	make connection	[3]
**背景 はいけい	background	[1]
発着地 はっちゃくち	point of departure and arrival	[5]
パフォーマンス	performance	[6]
バリア	barrier	[9]
繁華街 はんかがい	bustling quarter, business quarter	[6]
万物 ばんぶつ	すべてのもの	[6]

〜を控える ひか	have 〜 near	[6]
光ファイバー ひかり	optical fiber	[5]
浸る ひた	soak in, be immersed in, indulge in	[7]
*一人っ子 ひとりこ	only child	[7]
*〜ふう	〜風, like 〜 ふう	[6]
*プライバシー	privacy	[8]
**平気(な) へいき	indifferent, nonchalant, cool	[1]
へそ	navel	[9]
**変化(する) へんか	change〈change〉	[8]
変身を遂げる へんしん と	be transformed into, be metamorphosed	[6]
*本来 ほんらい	essentially	[9]
*マナー	manner	[7]
まゆをひそめる	knit one's eyebrows	[1]
向かい側 む がわ	the opposite side	[3]
〜向きも多い む おお	there are many people who 〜	[1]
*メディア	media	[8]
目につく め	attract a person's attention	[1]
免疫をつける めんえき	be immunized	[10]
目撃(する) もくげき	eyewitness〈eyewitness〉	[6]
*モラル	morals, moral sense	[8]
よそ行き い	formal	[5]
予測(する) よそく	prediction, estimate〈predict〉	[10]
予兆 よちょう	indication, signs, symptoms	[9]
ルポ(する)	reportage〈report (on)〉	[1]
冷房のきいた れいぼう	well air-conditioned	[1]
**連絡(する) れんらく	connection〈connect, make contact with〉	[5]
〜路線 ろせん	route, line	[3]

資料—3　増える「視線平気症候群」 **文型**

【1】 V(stem) つつある　'something / someone is in the process of V-ing; V-ようとしている' [1]

> **ひとくちメモ**
>
> 「ある状態にだんだん変わってきている」という意味で、社会など、話す人／書く人のまわりの環境に現在起こっている変化を表します。
>
> This expresses an ongoing change in the speaker/writer's environment, such as the wider society.

［例］

a. 公私の境目が**変化しつつある**兆し。

b. 結婚して子どもを持っても仕事を続ける女性が**多くなりつつある**。

c. 日本は、子どもの数がへり、高齢化社会に**なりつつある**。

［練習］

d. 休み中に毎日勉強したので、成績が＿＿＿＿＿＿＿＿＿＿＿＿＿＿＿＿＿＿つつある。

e. 最近は＿＿＿＿＿＿＿＿＿＿＿＿＿＿＿＿＿＿若者が多くなりつつある。

f. ＿＿＿＿＿＿＿＿＿＿＿＿＿＿＿＿＿＿＿＿＿＿＿＿＿＿＿＿＿＿＿＿＿。

【2】 N1 ⎫
　　　　⎬ 、いわば N 2　'N1 / S in other words / to put it differently, N2; [1]
S(plain) ⎭　　　　　　 N1 / S すなわち / つまり N2'

［例］

a. 公私の境目が変化しつつある兆し、**いわば**文化の問題という。

b. 人の目を気にしない、**いわば**視線平気症候群が問題になっている。

c. 少子化と高齢化、**いわば**現代社会の新たな人口問題について、真剣に考えなければならない。

［練習］

d. 週末の渋谷や原宿、いわば＿＿＿＿＿＿＿＿＿＿＿＿は、若者でいっぱいだ。

e. ＿＿＿＿＿＿＿＿＿＿＿＿＿＿＿＿＿、いわばアジアの国々は21世紀に経済が大きく成長すると期待されている。

f. ＿＿＿＿＿＿＿＿＿＿＿＿＿＿＿＿＿＿＿＿＿＿＿＿＿＿＿＿＿＿＿。

80

【3】 S（plain）も同然だ　'it is practically the same as S; まるで S のと同じだ' [5]

［例］

a. 他人を意識しない、というより、他人はいない**も同然**。

b. ここまでできたら、完成した**も同然だ**。

c. 給料が少し上がっても、物価がこんなに高くては、上がらない**も同然だ**。

［練習］

d. 夏の満員の通勤電車は、どんなに冷房を入れても＿＿＿＿＿＿＿＿＿＿＿＿も同然だ。

e. ＿＿＿＿＿＿＿＿＿＿＿＿＿＿＿＿＿＿＿＿＿＿＿＿たら、合格したも同然だ。

f. ＿＿＿＿＿＿＿＿＿＿＿＿＿＿＿＿＿＿＿＿＿＿＿＿＿＿＿。

●資料―4「若者の意識・大人の意識」予習シート●

●読む前に考えましょう

[1] 次の点について、あなたの持っているイメージをかんたんにまとめましょう。

	あなたの国の若者	日本の若者
生活全体への満足度		
どんなときに充実感を感じるか		
友人とのつきあい方		
同世代、上の世代への評価		

●読みながら考えましょう

[1] この調査から現代の若者のイメージが見えてきます。どのような調査が実施されたかまとめましょう。

（だれ・機関：　　　　　）は、（いつ：　　　　）、（対象：　　　　）を対象に、

（調査名：　　　　　）という調査を行った。調査は（方法：　　　　）という方法で行われた。

[2] 1～4のグラフについて情報をまとめましょう。

	何についての グラフですか	項目と数字を 読みましょう	どのようなことが 分かりますか
1			
2			
3			
4			

[3] あなたのはじめのイメージと違う点はありましたか。具体的な調査結果と比べながら説明しましょう。

資料—4　若者の意識・大人の意識　語彙

＊浅い　あさ	shallow	[図3]
あっさり(する)	simple, light 〈dispose of a matter lightly, dismiss a matter out of hand〉	[図3]
＊＊意識(する)　いしき	consciousness, senses 〈feel, be conscious of〉	[1]
打ち込む　うこ	devote oneself to	[図2]
＊〜に応じて　おう	depend on 〜	[図3]
横柄(な)　おうへい	arrogant, haughty	[図4]
＊＊お互いに　たが	each other	[図3]
＊落ち着く　おつ	settle	[図3]
回収(する)　かいしゅう	collection〈collect〉	[2]
＊＊回答(する)　かいとう	answer, reply〈answer, reply〉	[2]
頑固(な)　がんこ	stubborn, obstinate	[図4]
＊＊関心　かんしん	interest, concern	[2]
寛大(な)　かんだい	generous, liberal	[図4]
＊＊勤勉(な)　きんべん	hard working, diligent	[図4]
軽薄(な)　けいはく	flippant, frivolous	[図4]
厳格(な)　げんかく	strict, severe	[図4]
＊＊行動(する)　こうどう	behavior, action〈act, behave〉	[2]
＊＊交流(する)　こうりゅう	interchange, interaction 〈interchange, interact〉	[図3]
事柄　ことがら	matter, affair	[図3]
個別　こべつ	individual, separate	[2]
在住(する)　ざいじゅう	住んでいる　す	[2]
自己中心的(な)　じこちゅうしんてき	selfish, self-centered	[図4]
＊実際的(な)　じっさいてき	practical	[図4]
充実感　じゅうじつかん	sense of fulfillment	[図2]
従順(な)　じゅうじゅん	obedient, meek	[図4]
＊＊少数　しょうすう	small number	[図3]

＊象徴(する)　しょうちょう	symbol〈symbolize〉	[図4]
＊知り合い　しあ	acquaintance	[図3]
＊＊信頼(する)　しんらい	trust〈rely on, trust in〉	[図4]
＊素直(な)　すなお	obedient	[図4]
青少年　せいしょうねん	young people, 若者　わかもの	[1]
＊＊世代　せだい	generation	[図4]
そのとおり	just like that, just so	[図3]
＊対象　たいしょう	target	[2]
チャッカリしている	shrewd, calculating	[図4]
＊＊調査(する)　ちょうさ	investigation 〈investigate〉	[2]
＊つきあう	associate (with)	[図3]
＊＊内容　ないよう	content	[図3]
＊熱中(する)　ねっちゅう	enthusiasm, zeal〈be absorbed (in)〉	[図3]
配布(する)　はいふ	配る　くば	[2]
深入り(する)　ふかい	going too far, getting involved〈go too far, get involved〉	[図3]
＊＊不満　ふまん	dissatisfaction, discontent	[図1]
＊別々　べつべつ	individual, separate	[図3]
＊＊方面　ほうめん	direction	[図3]
＊＊訪問(する)　ほうもん	visit〈visit〉	[2]
＊＊保守的(な)　ほしゅてき	conservative	[図4]
＊前向き　まえむ	positive, forward-looking	[図4]
真面目(な)　まじめ	serious, grave	[図4]
＊＊満足(する)　まんぞく	satisfaction〈be satisfied (with)〉	[図1]
満足度　まんぞくど	どのくらい満足しているか　まんぞく	
見栄っ張り(な)　みえば	vain, ostentatious	[図4]

＊〜未満　less than 〜　[2]
みまん

＊無回答　no answers,　[図1]
むかいとう　no responses

無気力(な)　spiritless, nerveless　[図4]
むきりょく

＊役立つ　be useful　[図2]
やくだ

勇敢(な)　brave, courageous　[図4]
ゆうかん

＊＊有効(な)　valid, available　[2]
ゆうこう

楽天的(な)　optimistic　[図4]
らくてんてき

領域　territory　[2]
りょういき

礼儀正しい　well-mannered　[図4]
れいぎただ

わずらわす　trouble, bother　[図2]

我を忘れる　lose control of oneself　[図3]
われ　わす

●資料—5「友だちとの距離」予習シート●

●読む前に考えましょう

[1]「人間関係」というと、何をイメージしますか。

[2] あなたの国の「人間関係」の特徴は、どのように言い表すことができますか。

（例：個人主義、団体主義、和、上下関係など）

[3] 日本社会の「人間関係」について、何かイメージを持っていますか。

●読みながら考えましょう

[1] 日本では「人間関係」のあり方が変わってきているようです。どのように変わりましたか。

従来は(　　　　　　)より(　　　　　　)を重視していたが、

最近は (　　　　　　)より(　　　　　　)を重視するようになってきた。

[2] データから分かった特徴をかんたんにまとめましょう。

1) 隣近所に住んでいる人を信頼しているかどうかについて、どのようなことが分かりましたか。

2) 困っている人が近くにいたら放っておけないかどうかについて、どのようなことが分かりましたか。

[3] 日本人の生活時間の変化についてまとめましょう。

1) 1日の過ごし方について、どのようなことが分かりましたか。

2) 1日の過ごし方の変化の原因は何ですか。

3) これから、1日の過ごし方はどう変わっていくと予想していますか。

資料—5　友だちとの距離 語彙

** 意見 <small>いけん</small>	opinion	[4]
** 〜以降 <small>いこう</small>	〜からあと	[5]
** 意識 <small>いしき</small>	consciousness, awareness	[4]
** 一方で <small>いっぽう</small>	on one hand, while	[5]
** 動き <small>うご</small>	movement, trend, action, change	[5]
** 薄れる <small>うす</small>	fade, get less distinct	[3]
** 〜化(する) <small>か</small>	〜のようになること	[5]
** 外部 <small>がいぶ</small>	outside	[5]
** 核家族 <small>かくかぞく</small>	nuclear family	[5]
** 価値観 <small>かちかん</small>	one's sense of value, one's values	[2]
** 機会 <small>きかい</small>	opportunity, chance	[5]
希薄(な) <small>きはく</small>	thin, weak, dilute	[5]
** 逆に <small>ぎゃく</small>	conversely	[5]
** 義理 <small>ぎり</small>	social duty, obligation	[2]
* 崩れる <small>くず</small>	collapse	[2]
** 傾向 <small>けいこう</small>	tendency	[5]
* 携帯電話 <small>けいたいでんわ</small>	cellular phone	[6]
** 結果 <small>けっか</small>	result	[4]
* 研究所 <small>けんきゅうじょ</small>	research institute, laboratory	[8]
** 減少(する) <small>げんしょう</small>	decrease〈decrease〉	[4]
** 高度(な) <small>こうど</small>	high degree	[5]
* 個室 <small>こしつ</small>	private room	[5]
** 個人 <small>こじん</small>	individual	[2]
** 今後 <small>こんご</small>	これから	[6]
根底 <small>こんてい</small>	the basis, the foundation	[2]
** 今日 <small>こんにち</small>	このごろ	[2]
** 最近 <small>さいきん</small>	recently	[6]
* 避ける <small>さ</small>	avoid, ward off, avert, evade	[1]

* さらに	もっと	[6]
** 賛成(する) <small>さんせい</small>	agreement〈agree〉	[4]
視聴(する) <small>しちょう</small>	見て聞くこと <small>み き</small>	[5]
* 占める <small>し</small>	occupy	[3]
若年層 <small>じゃくねんそう</small>	若い人々の層 <small>わか ひとびと そう</small>	[4]
** 自由(な) <small>じゆう</small>	free	[5]
** 重視(する) <small>じゅうし</small>	大事だと考えること <small>だいじ かんが</small>	[2]
** 集団 <small>しゅうだん</small>	group	[2]
* 従来 <small>じゅうらい</small>	これまで, 今まで	[2]
* 出版(する) <small>しゅっぱん</small>	publication〈publish〉	[7]
** 情報 <small>じょうほう</small>	information	[6]
* 職場 <small>しょくば</small>	働く場所 <small>はたら ばしょ</small>	[2]
進行(する) <small>しんこう</small>	advance, making progress, being under way, 進む <small>すす</small>	[5]
** 信頼(する) <small>しんらい</small>	trust, reliance	[2]
* 親類 <small>しんるい</small>	relatives	[5]
** 進む <small>すす</small>	advance	[6]
* 図表 <small>ずひょう</small>	chart, diagram, graph	[3]
** 成果 <small>せいか</small>	results, accomplishment	[5]
* 成長期 <small>せいちょうき</small>	period of growth	[5]
生命保険 <small>せいめいほけん</small>	life insurance	[7]
世帯 <small>せたい</small>	family, household	[5]
* 接触(する) <small>せっしょく</small>	contact, touch〈contact, touch〉	[5]
層 <small>そう</small>	stratum, layer	[4]
** 増加(する) <small>ぞうか</small>	増えること <small>ふ</small>	[5]
** 相対的(な) <small>そうたいてき</small>	relative	[5]
* 〜代 <small>だい</small>	in the one's 〜's(ex. in his twenties)	[3]
** 互いに <small>たが</small>	each other, mutually	[3]
** 助け合う <small>たす あ</small>	help one another	[3]

* 達する たっ	reach	[3]	** 比較(する) ひかく	くらべること	[4]
** 例えば たと	for example	[3]	一人きり ひとり	alone	[5]
** 他人 た にん	others, stranger, unrelated person	[1]	** 表現(する) ひょうげん	expression〈express〉	[2]
* 単身 たんしん	single, alone	[5]	* 普及(する) ふ きゅう	spread, popularization, diffusion〈popularize, diffuse, come into wide use〉	[6]
** 地域 ち いき	region, area, zone	[2]	** 分析(する) ぶんせき	analysis〈analyze〉	[5]
* 注 ちゅう	note	[5]	** 変化(する) へん か	change〈change〉	[2]
* 中高年 ちゅうこうねん	middle aged and old aged	[4]	変遷 へんせん	change, transition	[5]
** 調査(する) ちょう さ	investigation 〈investigate〉	[4]	編著 へんちょ	editor and author	[7]
* ～つつある	be in the process of ～	[2]	放っておく ほう	leave ～ as is, leave ～ alone, abandon	[4]
* 同僚 どうりょう	colleague	[5]	* ますます	more and more	[6]
隣近所 となりきんじょ	neighborhood	[3]	* 友人 ゆうじん	友だち とも	[5]
** 流れ なが	current, stream, trend	[6]	** 利用(する) り よう	utilization〈utilize〉	[6]
** 人間関係 にんげんかんけい	human relation	[2]	* 和 わ	harmony, peace	[2]
人情 にんじょう	human feelings, human nature, humanity	[2]	** 割合 わりあい	ratio	[3]

資料―5 友だちとの距離 文型

【1】 V-る
N とともに～ 'along with / together with V-ing / N, ～; [2]
V-る / N にしたがって / につれて～'

［例］

a. 個人を重視する価値観が強くなるとともに、コミュニケーションのあり方も大きく変
こじん じゅうし か ちかん へん
化してきているのである。
か

b. 国の経済がよくなるとともに、人々の生活が豊かになった。
けいざい せいかつ ゆた

c. 電子メールの普及とともに、手紙による通信が少なくなっている。
でん し ふ きゅう つうしん

［練習］

d. ＿＿＿＿＿＿＿＿＿＿＿＿＿＿＿＿＿＿＿＿＿＿＿とともに、国民の平均所得が増えた。
こくみん へいきんしょとく ふ

e. 年をとるとともに、＿＿＿＿＿＿＿＿＿＿＿＿＿＿＿＿＿＿＿＿＿＿＿＿＿＿。

f. ＿＿＿＿＿＿＿＿＿＿＿＿＿＿＿＿＿＿＿＿＿＿＿＿＿＿＿＿＿＿＿＿＿＿＿＿＿。

【2】 V-る 一方で〜　'on the one hand / while V-ing, 〜'　　　　[5]

［例］

a.「一人きり」か「家族」といる時間が**増加している一方で**、逆に「親類・友人」といる時間は減少している。

b. 結婚しないで仕事をする女性が**増えている一方で**、大学を出てすぐに結婚する女性もけっして少なくない。

c. あの人は会社で朝から晩まで**仕事をする一方で**、家に帰ると、どんなに疲れていても、家事の手伝いを忘れない。

［練習］

d. ＿＿＿＿＿＿＿＿＿＿＿＿＿＿＿＿＿＿＿＿＿＿＿＿一方で、自然破壊が進んでいる。

e. テレビやビデオが普及する一方で、＿＿＿＿＿＿＿＿＿＿＿＿＿＿＿＿＿＿＿＿＿。

f. ＿＿＿＿＿＿＿＿＿＿＿＿＿＿＿＿＿＿＿＿＿＿＿＿＿＿＿＿＿＿＿＿＿＿＿＿＿。

●知っていると便利な表現●●●…………………………………………………………………

前述のように　'as stated earlier; 前に述べたように; 前に言ったように'

●資料─6「寮生600人　友人ゼロ」予習シート●

●読む前に考えましょう

[1] あなたの国では学生寮（りょう）がありますか。学生寮で問題になることはありますか。

[2] 日本の学生寮について何かイメージがありますか。

●見出しを見て考えましょう

[1]「寮生（りょうせい）600人　友人（ゆうじん）ゼロ」

　　1)（　　　）内（ない）にことばを入れて文にしてみましょう。

　　　寮生（　　　　）600人（　　　　　　　）、友人（　　　　　　　　）。

[2]「寂（さび）しくても一人（ひとり）の気楽（きらく）さ一番（いちばん）」

　　1) だれがこのように考えていますか。

[3]「表札（ひょうさつ）のない部屋（へや）」

　　1) 表札とは何ですか。また、何のためのものですか。

　　2)「表札がない」ことに、どのような意味がありますか。

[4]「鉄則（てっそく）は『深入（ふかい）りしない』」

　　1) 鉄則とは何ですか。

　　2) だれの、何のための鉄則ですか。

●読みながら考えましょう

[1]「現代（げんだい）の若者（わかもの）に共通（きょうつう）しているのは、『やさしさ』だという。」という文について

　　1)「やさしさ」はどのような行動（こうどう）に表（あらわ）れますか。

　　2) その行動は、だれに対（たい）するやさしさですか。

[2]「いがみ合いは面倒」について
    1)「寮生活3年、ほとんど数字だけで済ませてきた」とは、どのような生活だと思いますか。具体的に考えましょう。

    2) 渉のとなりにはだれが住んでいますか。その人に対して、渉はどう思っていますか。

    3) 渉の「とびきり幸せ」とは何をすることですか。

    4) 渉は卒業後、どのような進路を希望していますか。その理由は何ですか。

[3]「人情派、カラ回り」について
    1) 郁は、2年ほど前どのような行動を起こしましたか。それはどうしてですか。そのときほかの人の反応はどうでしたか。

    2) 去年の秋は、どのようなことをしましたか。それに対する反応はどうでしたか。

    3) この2つの話から、どんなことが分かりますか。

[4]「相部屋は不満の渦」について
    1) 西日本の女子大の寮では最近、どのようなことが問題になっていますか。

    2) 寮での人間関係はどうですか。

    3) 裕子はこの寮生活から何を学びましたか。

資料—6　寮生600人　友人ゼロ **語彙**

相次ぐ あいつ	one after another	[23]
**相手 あいて	partner, the other party	[1]
**相部屋 あいべや	share a room with	[21]
あくせくする	be busy about	[12]
あせり	impatience, irritation	[12]
いがみ合う あ	quarrel with each other	[4]
**行き来 いき	association	[5]
一角 いっかく	one corner	[17]
**一般 いっぱん	general	[20]
遺伝子 いでんし	gene	[10]
**居場所 いばしょ	place to be	[1]
**受け入れる うい	accept, receive	[13]
衛星放送 えいせいほうそう	satellite broadcasting	[17]
会釈(する) えしゃく	nod〈nod〉	[6]
**追う お	chase after	[11]
大部屋 おおべや	large room shared by people	[18]
**置きっ放し おはな	be left as is	[24]
奥底 おくそこ	the depth	[1]
*恐れる おそ	fear	[1]
*穏やかな おだ	gentle, calm	[25]
〜がおっくうになる	feel lazy to do	[13]
灰白色 かいはくしょく	off-white	[2]
顔見知り かおみし	acquaintance	[25]
**科学 かがく	science	[8]
欠かす か	miss	[25]
*かかわる	involve	[1]
学食 がくしょく　大学の食堂 だいがく　しょくどう		[13]
壁越し かべご	over a wall	[9]
カラ回り まわ	going round and round and getting nowhere	[16]

**完成(する)	completion〈complete〉	[26]
*企画(する) きかく	plan〈plan〉	[20]
聴き入る きい	listen intently to	[12]
*傷つく きず	get hurt, get wounded	[1]
**旧〜 きゅう	former〜	[18]
**競争(する) きょうそう	race〈race, compete〉	[11]
**共通(する) きょうつう	common, shared〈have in common〉	[1]
**共有(する) きょうゆう	joint ownership〈own jointly〉	[17]
*気楽(な) きらく	comfortable, at home, get relaxed	[1]
首をかしげる くび	incline one's head to one side	[25]
*敬語 けいご	polite speech	[1]
*警告(する) けいこく	warning	[8]
掲示板 けいじばん	bulletin board	[22]
**構成(する) こうせい	organization〈organize〉	[25]
*紅茶 こうちゃ	black tea	[9]
**行動(する) こうどう	act, activity〈act〉	[1]
五畳間 ごじょうま	room with 5-tatami mats	[8]
最前列 さいぜんれつ	the first row	[12]
細分化(する) さいぶんか	subdividing into parts〈subdivide into parts〉	[11]
*避ける さ	avoid	[1]
*寂しい さび	lonely, lonesome	[14]
**参加(する) さんか	participation〈participate〉	[20]
**幸せ しあわ	happiness	[9]
仕組み しく	construction, structure	[8]
*親しい した	close, intimate	[13]
自治運営 じちうんえい	self-government	[24]

自動販売機 じどうはんばいき	automatic vending machine	[14]
＊数字 すうじ	numbers	[6]
＊＊済ませる す	get by, manage	[6]
＊＊生命 せいめい	life	[8]
＊洗剤 せんざい	laundry detergent	[23]
〜そっちのけ	neglecting 〜	[24]
＊＊存在（する） そんざい	existence〈exist〉	[7]
＊黙る だま	become quiet	[9]
＊通じる つう	be understood, communicable	[25]
＊＊程度 ていど	degree, level	[8]
鉄則 てっそく	iron rule	[26]
電源 でんげん	outlet, sources of electricity	[8]
伝統 でんとう	tradition	[3]
点滅（する） てんめつ	turning on and off〈turn on and off〉	[8]
＊盗難 とうなん	robbery, theft	[23]
＊通りすぎる とお	pass by	[6]
とびきりの	exceptional, extraordinary	[9]
扉 とびら	door	[2]
＊友だちづきあい とも	association as friends	[13]
＊とらえる	grasp, capture, arrest	[1]
＊仲間 なかま	colleague, fellow, comrade	[13]
＊懐かしい なつ	miss, long for	[18]
人情 にんじょう	human feelings, humanity, human nature	[16]
＊のぞく	can be seen	[1]
のっぺらぼう	顔がない かお	[2]
＊＊〜派 は	faction, sect, group	[16]
張り出す は　だ	put up	[22]

＊＊表面 ひょうめん	surface	[25]
ビラ	leaflet, poster	[22]
深入り（する） ふかい	getting mixed up in, going too far〈get mixed up in〉	[26]
噴き出す ふ　だ	blow out, send out	[24]
＊＊含める ふく	include	[8]
復活（する） ふっかつ	revival, restoration, the Resurrection〈revive〉	[20]
ぶつかり合い あ	collision with	[1]
＊＊不満 ふまん	dissatisfaction, discontent	[21]
踏み込む ふ　こ	enter, rush into	[1]
プリペイドカード	pre-paid card	[8]
＊＊減る へ	decrease	[13]
ぽーっと	absent-minded, vague, careless	[9]
＊本題 ほんだい	the main subject, the main issue	[24]
漫画 まんが	comic	[17]
＊見向きもされない みむ	not to even be looked at	[19]
群れる む	crowd, cluster	[1]
＊迷惑（する） めいわく	trouble, annoyance, inconvenience〈be troubled〉	[24]
めげる	be disheartened, get discouraged	[20]
＊目覚まし めざ	alarm clock	[9]
＊目印 めじるし	sign, mark	[3]
＊面倒（な） めんどう	troublesome, unpleasant	[9]
＊＊求める もと	seek after, call for	[1]
＊やさしさ	gentleness, softness, tenderness	[1]
寮祭 りょうさい	dormitory festival	[20]
寮費 りょうひ	dormitory fee	[8]
＊＊冷暖房 れいだんぼう	air-conditioner	[8]

*廊下 ろうか	hallway, corridor	[6]	わずらわしさ	troublesome, complicated	[15]

資料—6 寮生600人　友人ゼロ　文型

【1】 N で
**　　V-ず に（V-ないで）**　　⎱ 済ませる（済ます）
　　　　　　　　　　　　　　　　す

'manage / settle something with N; [6]
get by without V-ing; めんどうなことは
しないで、なんとかする'

> **ひとくちメモ**
>
> 話す人／書く人が意図的に、するはずだったことをしないで間に合わせる、あるいは、
> はな ひと か ひと いとてき　　　　　　　　　　　　　　　　ま あ
> 何かほかのことで間に合わせるという選択をしたことを表します。日常会話では、
> なに　　　　ま あ　　　　　　　　せんたく　　　　　あらわ　　　にちじょうかいわ
> 「V-ないで」を使うことが多いです。
> 　　　　　つか　　　おお
>
> This expresses that the speaker/writer manages some situation without doing what (s) he should
> have done, or makes do with something else. In daily conversation, V-ないで is commonly used
> for V-ずに.

［例］

a. 寮生活 3 年、ほとんど数字だけで済ませてきた。
　 りょうせいかつ　　　　　　　 すうじ

b. 今晩は夕食を作る元気がないので、コンビニのおかずで済ませよう。
　 こんばん

c. きのうは一日中天気が悪かったので、一度も外出せずに済ませた。

［練習］

d. あの人とは＿＿＿＿＿＿＿＿＿＿＿＿＿＿＿＿＿＿＿、電子メールで済ませよう。
　　　　　　　　　　　　　　　　　　　　　　　　　　　　 でんし

e. きのうは忙しかったので、＿＿＿＿＿＿＿＿＿＿＿＿＿＿＿ずに済ませた。
　　　　　 いそが

f. ＿＿＿＿＿＿＿＿＿＿＿＿＿＿＿＿＿＿＿＿＿＿＿＿＿＿＿＿＿＿。

【2】 V-ず（に）〜　'without doing something, 〜; V-ない で〜'　　　　　　　[6]

> **ひとくちメモ**
>
> 「V-ず（に）」は、「V-ないで」の古めかしい表現ですが、「V-ずにください」や「V-ず
> 　　　　　　　　　　　　　　ふる　　　　ひょうげん
> にくださいませんか」などの依頼の表現としては使いません。
> 　　　　　　　　　　　 いらい　ひょうげん　　　つか
>
> V-ず（に）is a reminiscent of classical Japanese and is equivalent to V-ないで in modern Japa-
> nese. This form can be obtained by replacing -ず with -ないで in V-ないで forms. Unlike V-ない
> で, V-ず（に）is not used in a request pattern with ください or くださいませんか.

［例］

a. 廊下でも会釈せず通りすぎる。

b. 今日はじめて会った人の名前は、忘れずに手帳に書いておこう。

c. うちの子は小学校を一日も休まずに通いました。

［練習］

d. 地図があったので、道に迷わずに＿＿＿＿＿＿＿＿＿＿＿＿＿＿＿＿＿＿。

e. この問題は、＿＿＿＿＿＿＿＿＿＿＿＿＿＿＿＿＿＿＿＿＿＿＿＿＿。

f. ＿＿＿＿＿＿＿＿＿＿＿＿＿＿＿＿＿＿＿＿＿＿＿＿＿＿＿＿＿＿＿。

【3】 N で / V-ずに（V-ないで）｝済む 'settle something without N / V-ing' [8]

ひとくちメモ

「するはずだったことをしなくてもよくなった」という意味で、話す人／書く人がしたくないことを避けられてよかったという気持ちを表します。日常会話では、「V-ないで」を使うことが多いです。文型1の「V-ずに済ませる」と違って、話す人／書く人の意図的な行動ではなく、自然にそうなったという意味です。

This expresses that some unfavorable situation has been avoided, and expresses the speaker/writer's relief that (s) he did not have to cope with some unwelcome situation. In daily conversation, V-ないで is used for V-ずに. Unlike V-ずに済ませる (⇒ 文型 1), the unfavorable situation is settled on its own accord.

［例］

a. 寮費も含め1ヶ月8000円程度で済む。

b. 風邪をひいたけど、軽かったので、医者に行かずに済んだ。

c. 大学をたくさん受験したが、何とか一校だけ合格できたので、浪人せずに済んだ。

［練習］

d. ＿＿＿＿＿＿＿＿＿＿＿＿＿＿＿＿＿＿ので、夕食を作らずに済んだ。

e. 明日の授業は休講になったので、今晩は＿＿＿＿＿＿＿＿ずに済んだ。

f. ＿＿＿＿＿＿＿＿＿＿＿＿＿＿＿＿＿＿＿＿＿＿＿＿＿＿＿＿。

【4】 S（plain）わけではない　'it doesn't mean that S; I don't mean that S; S というのではない' [14]

ひとくちメモ

聞いている人／読んでいる人が話の流れからまちがって予測するかもしれないことを前もって否定するときに使います。

This pattern is used to deny beforehand what the listener/reader might mistakenly deduce from the preceding context.

［例］

a. 寂しさを感じないわけではない。

b. 今日の会議では、何も言わなかったんですが、意見がないわけではありません。

c. あの人は、あまり他の人と話さないが、親しい友達がいないわけではない。

［練習］

d. _____が、特に行きたかったわけではない。

e. 日本では、専業主婦が多いが、_____わけではない。

f. _____。

仕事への意識

キーワード

就職（する）	しゅうしょく	getting a position in a company, 〈be employed〉
終身雇用	しゅうしんこよう	life-time employment
残業（する）	ざんぎょう	overtime work 〈work overtime〉
転勤（する）	てんきん	transfer, relocation 〈be transferred〉
単身赴任（する）	たんしんふにん	*taking up a post away from home without one's family, by oneself*
リストラ		restructuring
転職（する）	てんしょく	changing a job/employment 〈change a job〉

●資料―1「満員電車」予習シート●

●読む前に考えましょう

[1]「満員電車」を知っていますか。それは何ですか。

[2] あなたの国では「満員電車」をよく見かけますか。

●読みながら考えましょう

[1]「私は『社宅』を『社畜小屋』と言っている…」という文について

　　1)「社宅」とは何ですか。

　　2)「家畜」とは何ですか。「ペット」とどう違いますか。

　　3)「社畜」ということばは筆者が作った特別なことばです。どのような意味でしょうか。
　　　（　　　　　　　）が（　　　　　　　）のために飼っている（　　　　　　　）。

[2] ラッシュアワーの満員電車は、どうして「走る社畜小屋」と言えるのでしょうか。「非人間的」「物体化」ということばをヒントに考えてみましょう。

[3] 筆者によると、サラリーマン生活でもっとも必要なものは何ですか。サラリーマンはそれをどのような経験から学びますか。

[4]「こうした日本の会社の風土を背景に、…ラッシュアワーはやって来る」という文について

　　1)「ラッシュアワー」とは何ですか。

　　2)「ラッシュアワー」の背景にある日本の会社風土とはどのようなものですか。また、それはどうしてなくならないのでしょうか。

[5] 筆者は満員電車に乗るサラリーマンをどうして気の毒だと思っていますか。

[6] これを読んで、あなたはどう思いましたか。

資料—1 満員電車 語彙

*哀れ（な） あわ	helplessness, pathos, pity, sorrow, grief, misery, compassion	[13]	
**意志 い し	will, volition	[3]	
*容れもの い	receptacle, case	[3]	
**運命 うんめい	fate, destiny	[6]	
運輸大臣 うん ゆ だいじん	Minister of Transport	[12]	
押しつける お	push against	[6]	
家畜 か ちく	domestic animals	[1]	
*気の毒（な） き どく	pitiful, pity	[10]	
**勤勉（な） きんべん	industry, diligence	[8]	
苦役 く えき	hard toil	[10]	
ぐったりとする	be dead tired	[9]	
小屋 こ や	cottage, cote	[1]	
算入（する） さんにゅう	counting in〈count in〉	[10]	
飼育場 し いく ば	cattle-breeding farm	[13]	
視察（する） し さつ	inspection, observation 〈inspect〉	[12]	
*社宅 しゃたく	company(-owned) house (for employees)	[1]	
社畜 しゃちく	会社の家畜のようなもの かいしゃ か ちく	[1]	
*就任（する） しゅうにん	inauguration, assumption of office 〈take office〉	[12]	
収納（する） しゅうのう	入れること い	[3]	
**主義 しゅ ぎ	doctrine, rule, principle	[7]	
出勤簿 しゅっきん ぼ	employees attendance record	[8]	
*出社（する） しゅっしゃ	arrival (in a company, at work, etc.)〈go to work〉	[8]	
**条件 じょうけん	conditions, terms	[7]	
*尻 しり	buttocks	[3]	
体勢 たいせい	体の姿勢 からだ し せい	[6]	
耐える た	endure, put up with	[11]	

たどりつく	やっと着く つ	[9]	
タフ（な）	tough	[9]	
務まる つと	be fit for	[9]	
定時 てい じ	regular time, stated period	[8]	
転換（する） てんかん	conversion〈convert, divert〉	[6]	
同様 どうよう	同じ おな	[6]	
*ともかく	anyway	[7]	
忍耐 にんたい	endurance	[6]	
**背景 はいけい	background, scenery, setting, circumstance	[9]	
図る はか	try, intend to	[6]	
剝ぎ取る は と	tear off	[4]	
**判断（する） はんだん	judgement, decision 〈judge〉	[4]	
必須 ひっす	indispensable, required	[7]	
引っ張りまわす ひ ぱ	take (a person) around	[8]	
**非人間的（な） ひ にんげんてき	人間的ではない にんげんてき	[3]	
風土 ふう ど	natural features, topography, climate, spiritual features	[9]	
物体 ぶったい	material, object	[5]	
**物理的（な） ぶつ り てき	physical	[6]	
ブロイラー	broiler	[13]	
別名 べつめい	ほかの名前 な まえ	[3]	
へべれけに酔う よ	とても酔っぱらう よ	[8]	
*まさに	just, exactly	[13]	
**満員 まんいん	full house, no vacancy, sold out, standing room only	[2]	
身動き み うご	move	[13]	
見込みのある み こ	promising, hopeful	[8]	

**自ら <small>みずか</small>	for one's self, personally	[3]
*奴 <small>やつ</small>	fellow, chap	[8]
*ゆえん	reason	[6]
翌朝 <small>よくあさ</small>	the next morning	[8]

横並び <small>よこなら</small>	同じレベルのものが並 <small>おな</small>　　　　　　<small>なら</small> ぶこと	[7]
レッテルを貼る 　　　　<small>は</small>　label		[8]
*連想(する) <small>れんそう</small>	association of ideas, suggestion〈associate （N1 with N2）〉	[13]

資料—1　満員電車 文型

【1】S1。とすれば、S2　'Suppose S1 is true. Then it follows naturally that S2.' [2]

> ### ひとくちメモ
>
> 「とすれば」は、文と文をつなぐことばで、前の文を前提として意見や推論を述べると
<small>ぶん ぶん</small>　　　　　　　　　　<small>まえ ぶん ぜんてい</small>　　　　<small>いけん すいろん の</small>
きに使います。
<small>つか</small>
>
> とすれば is a conjunction which connects the preceding statement as a premise for what follows which is often the speaker/writer's opinion or conjecture.

［例］

a.　私は「社宅」を「社畜小屋」と言っている。**とすれば**、ラッシュアワーの満員電車は、
<small>わたし</small>　<small>しゃたく</small>　<small>しゃちくごや</small>　　　　　　　　　　　　　　　　　　　　　　　<small>まんいん</small>
　　まさに "走る社畜小屋" とは言えないだろうか。

b.　彼女はきのう 7 時に会社を出てまっすぐに帰ったと言っている。**とすれば**、8 時には家
<small>かのじょ</small>
　　にいたはずである。

c.　今回の事故で会社は 100 億円の損害が出たという話である。**とすれば**、あのプロジェク
<small>こんかい じこ</small>　　　　<small>おく そんがい</small>
　　トは見直しをせまられることになるだろう。
<small>みなお</small>

［練習］

d.　_____。とすれば、この仕事はあと 2 時間くらいで終るだろう。

e.　この大学には 1000 人以上の留学生がいるそうである。とすれば、_____。
　　　　　　　　　　　　　<small>りゅうがくせい</small>

f.　_____。

【2】 ⎰ **N1 なり N2 なり** 'N1 or N2 for example; たとえば N1 とか N2'　　[8]

　　⎱ **V1-る なり V2-る なり** 'たとえば V1-たり V2-たり'

ひとくちメモ

「N1／V1-るなり N2／V2-るなり」は二つ以上のことを例としてあげるときに使います。だれかの動作の場合は、「V-たり V-たりする」とほとんど同じ意味です。

N1／V1-るなり N2／V2-るなり pattern is used to list options or examples. It can be replaced with the V-たり V-たりする pattern when the options are someone's activities.

［例］

a. 出勤簿に判を**つくなり**、タイムレコーダーを**押すなり**すれば、あとは喫茶店に逃げ込んで寝ていても「勤勉」のレッテルを貼ってもらえる。

b. 会社をやめたのだから、別の会社を**探すなり**、大学に**入りなおすなり**したらどうか。

c. 問題が起きたら、手紙**なり**電話**なり**で連絡してください。

［練習］

d. 卒業したら、サラリーマンになるなり、小説家になるなり、＿＿＿＿＿＿＿＿＿＿。

e. 休憩時間だから、＿＿＿＿＿＿＿＿なり＿＿＿＿＿＿＿＿なり＿＿＿＿＿＿＿。

f. ＿＿＿＿＿＿＿＿＿＿＿＿＿＿＿＿＿＿＿＿＿＿＿＿＿＿＿＿＿＿＿＿＿。

●資料―2「銀色の登り道」予習シート●

●読む前に考えましょう

[1]「社会人」と「銀色の登り道」ということばから、どのような場面を想像しますか。

●読みながら考えましょう

[1]「朝のオフィス街」は、どのようなところですか。

[2] 季節はいつ頃でしょうか。

[3] あなたが「少し胸をそらす」のは、どのようなときですか。また「いそいそと」歩くの
は、どのようなときですか。

[4]「銀色の登り道」は、何でしたか。

[5]「青年」は、エスカレーターに乗りながら、どうして首をかしげたのですか。

[6]「いっこうに"終わり"の見える気配がない」や、「前に進むより仕方なかった」という
表現から、「青年」のどのような気持ちが分かりますか。

[7] 初出勤の朝、まだ仕事が始まらないうちに、「青年」は「サラリーマン」の生活につい
て何か分かったようです。それは、どのようなことだったでしょうか。

[8] この小説を読んで、あなたは、日本のサラリーマンの生活について、どのようなことを
考えましたか。

資料—2　銀色の登り道 語彙

＊相変わらず	いつもと同じに	[12]
＊＊足を運ぶ	歩く	[4]
＊あせる	be hasty, be impatient, fret	[11]
＊あわてる	be confused, be flustered	[11]
いそいそと	うれしそうに	[4]
いっこうに〜ない	全然〜ない, まったく〜ない	[8]
いまさら	now, after such a long time	[11]
うごめく	wriggle	[9]
オフィス街	office district	[1]
駆ける	走る	[3]
かすか(な)	slight, little	[4]
活気がみなぎる	become lively	[6]
陥穽に落ちる	fall into a trap, fall a victim to someone's plot	[13]
清める	きれいにする, そうじする	[2]
切れ目	end	[8]
くぐり抜ける	pass through	[9]
首をかしげる	put one's head to one side	[7]
＊気配	sign, indication	[8]
＊興奮(する)	excitement〈be (get) exited〉	[6]
さま	appearance, ようす	[13]
締める	fasten	[5]
斜影	かげ	[2]
守衛	guard man, security person	[3]
＊正面	front	[4]
＊姿	figure	[3]
＊すでに	もう	[11]
＊青年	young man	[3]
＊＊制服	uniform	[9]
背すじを伸ばす	straighten one's back	[5]
絶壁	precipice, cliff	[13]
＊せまる	近づく	[11]
＊＊速度	速さ	[11]
そらす	stretch	[4]
大理石	marble	[11]
たどりつく	やっと着く	[13]
断崖	precipice, cliff	[13]
ときおり	ときどき	[2]
年老いた	年をとった	[3]
なめらか(な)	smooth	[8]
昇りきる	完全に昇ってしまう	[2]
走り抜ける	run through	[2]
＊初出勤	初めて会社に行く	[15]
はて	さて, あら(分からないときに使うことば)	[7]
早番	early shift	[2]
バリカン	hair clipper	[4]
はるか(な)	far away	[9]
ヒッソリとする	しずかにする	[4]
＊響く	echo, linger	[2]
踏み板	step board	[4]
ふり返る	look back	[9]
頬を染める	blush	[6]
＊歩道	pavement	[2]
ポプラ並木	road lined with poplar trees	[2]
まっさかさまに	upside down	[13]

**認める <small>みと</small>	見て分かる <small>み　わ</small>	[3]	*芽 <small>め</small>	shoot, sprout, bud　　　[2]
ミニチュア細工 <small>さい く</small>　miniature		[9]	ゆるむ	loosen　　　　　　　　[5]
虫ケラ <small>むし</small>	虫けら, insect, worm <small>むし</small>	[9]	**両側 <small>りょうがわ</small>	both sides　　　　　　[11]
*胸 <small>むね</small>	bust, chest	[4]	路上 <small>ろ じょう</small>	道の上　　　　　　　　[2]
			*脇 <small>わき</small>	そば, よこ　　　　　　[3]

▮資料—2▮　銀色の登り道 文型

【1】 V-る まい　　　　　　　　　　　　　　　　　　　　　　　　　　[10]

　　N ではあるまい 〉 'I suppose not 〜；〜ないと思う'

　　A-く はあるまい

┌─ ひとくちメモ ─────────────────────────────────┐

「まい」は「ないだろう」という意味で、話す人／書く人の否定的な推量や否定的な
<small>　　　　　　　　　　　　　　い み　　　はな ひと か ひと　　　ひ ていてき　すいりょう　ひ ていてき</small>
意志を 表す、かたい 表現です。会話では、「〜まいと思います」の 形で使います。
<small>い し　あらわ　　　　　ひょうげん　　　かい わ　　　　　　　　　　おも　　　　かたち つか</small>

まい is a formal expression indicating the speaker/writer's negative conjecture or negative will.
In conversation, 〜まいと思います is used instead.

└───┘

［例］

a. もう七階か、八階か、いや、それどころではあるまい。
<small>　　　　かい</small>

b. 家族の 幸せのためには、長い通勤時間も、残業もたいしたことではあるまい。
<small>か ぞく　しあわ　　　　　　　　　　　つうきん　　　　　ざんぎょう</small>

c. 学歴 中心の日本社会は、国民一人一人が努力しなければ簡単に変わるものではあるま
<small>がくれきちゅうしん　しゃかい　こくみん　　　　　ど りょく　　　　　かんたん　か</small>
い。

［練習］

d. 交通渋滞が続いている。まさか＿＿＿＿＿＿＿＿＿＿＿＿＿＿ではあるまい。
<small>こうつうじゅうたい　つづ</small>

e. せっかくこの会社に入れたのだから、仕事がどんなに大変でも＿＿＿＿＿＿＿。
<small>　　　　　　　　　　　　　　　　　　　　　　　たいへん</small>

f. ＿＿＿＿＿＿＿＿＿＿＿＿＿＿＿＿＿＿＿＿＿＿＿＿＿。

●資料─3 「暮らしを守る7ヵ条」予習シート●

●読む前に考えましょう

[1] 「暮らしを守る」というのはどのような意味ですか。他のことばで言ってみましょう。

●読みながら考えましょう

[1] メッセージを人に伝えるときはなにか理由があるはずです。どうして7つのメッセージが必要なのですか。例のようにメッセージの理由になる「今の状況」を考えて、表を完成しましょう。

例：① いい仕事がみつかりやすい時代だから、今の仕事がいやだったら仕事を変えたほうがいいと考える人がいる。しかし、現実には、会社を辞めてもいい仕事は見つかりにくい。→ 安易に辞めるな。

	意味	今の状況
① 安易に辞めるな		今の仕事をやめて他の仕事を見つけたほうがいいと思う人が多い
② 健康であれ	健康に気をつけなさい	
③ 好奇心をもて		
④ 35歳までに英語力を		
⑤ ラテン気質をもて		
⑥ 友だちをつくれ		
⑦ 生活のリストラを		

資料—3　暮らしを守る7ヵ条　語彙

**安易(な) あんい	easy going	[1]
生き抜く いきぬ	survive	[2]
**お呼びがかかる よ	呼ばれる，誘われる よ　さそ	[4]
外資 がいし	foreign capital	[4]
～ヵ条 じょう	～ number of articles	[図]
勧奨(する) かんしょう	encouragement, stimulation〈encourage〉	[1]
業界 ぎょうかい	industry, business	[3]
口コミ くち	word of mouth	[6]
くよくよする	worry	[5]
*好奇心 こうきしん	curiosity, inquisitiveness	[3]
しきたり	conventional practice	[3]
私設 しせつ	private	[6]
**条件 じょうけん	condition	[1]
**信頼(する) しんらい	reliance, trust〈trust〉	[6]
相互 そうご	mutual	[6]

**態度 たいど	attitude, manner	[5]
惰性 だせい	inertia, habit, momentum	[7]
タフ(な)	tough	[2]
堪能(な) たんのう	proficient, skillful	[4]
突き放す つ　はな	throw off, push off	[5]
*転職(する) てんしょく	change of occupation〈change one's job〉	[4]
情けない なさ	miserable, wretched	[3]
不安定(な) ふあんてい	unstable, unsettled	[2]
保障(する) ほしょう	guarantee, security〈guarantee〉	[6]
**守る まも	protect, obey	[図]
磨く みが	polish, shine, brush	[7]
恵まれた めぐ	blessed, blest	[1]
有望(な) ゆうぼう	good prospects	[4]
*論理 ろんり	logic	[3]

●資料─4「今、仕事人間は」予習シート●

●読む前に考えましょう

[1]「仕事人間」というのはどんな人でしょうか。他のことばで言ってみましょう。

[2]「仕事人間」は次のことについてどう考えるでしょうか。

　　1）何のために仕事をするか

　　2）仕事を変えること

　　3）就職しないでアルバイトする人

●読みながら考えましょう

[1]「一番やってみたい職業」から男女のどのような違いが分かりますか。

[2] 年代を大きく3つに分けて考えましょう。年代によって意見はどのように違いますか。

	「仕事は男、家事・育児は女」について	就職せずにアルバイトする若者	転職	仕事の目的
20代と30代				
40代と50代				
60代と70代				

[3]「仕事人間」はどの年代に多いですか。どの年代に少ないですか。

[4]「『仕事人間』今は昔に」というのはどういう意味でしょう。

資料―4　今、仕事人間は **語彙**

教師 きょうし	teacher	[図]
＊公務員 こうむいん	government worker, public (civil) servant	[図]
商売(する) しょうばい	business, trade	[図]
省略(する) しょうりゃく	omission〈omit〉	[図]
選手 せんしゅ	representative player	[図]
＊転職(する) てんしょく	change of occupation 〈change one's job〉	[図]
＊福祉 ふくし	welfare, well-being	[図]

●資料─5「多様化する就業意識」予習シート●

●読む前に考えましょう

[1]「就業意識」ということばを知っていますか。それは何ですか。
しゅうぎょういしき

[2] あなたの国では人々は仕事に対してどのような意識を持っていますか。
たい

[3] 日本人の就業意識についてどのようなイメージを持っていますか。

●読みながら考えましょう

[1] これまで、日本人は仕事についてどのような意識を持っていましたか。今はどうですか。

[2]「家庭派」「バランス派」「趣味派」「仕事派」ということばについて
かていは　　　　　　　　しゅみ
　　1）それぞれを自分のことばで言ってみましょう。

　　2）それぞれどのような特徴がありますか。
とくちょう

タイプ	割合(%)	仕事への意識	収入
家庭派			
バランス派			
趣味派			
仕事派			

[3]「ハイリスク・ハイリターンでマネジメントを担う少数のエリート層」について
にな　しょうすう　　　　　　そう
　　1）4つのタイプのうち、どれがこのグループに入りますか。

　　2）このグループの特徴は何ですか。

[4]「与えられた仕事とそれに見合った報酬を受ける多数の自分重視派」について

　　1）4つのタイプのうち、どれがこのグループに入りますか。

　　2）このグループの特徴は何ですか。

[5] これから、日本人の就業意識はどうなっていくと思いますか。

110

資料—5　多様化する就業意識 **語彙**

** 意外(な) いがい	unexpectedly	[1]
** 生きがい い	something to live for	[2]
** 意識(する) いしき	consciousness, awareness, one's senses 〈be aware of〉	[1]
** 一方 いっぽう	on the one hand	[4]
* いわば	so to speak	[4]
* エリート	the elite, a member of the elite	[5]
** 得る え	gain, get	[3]
* 〜における	〜での	[3]
** 行う おこな	do, act, practice	[4]
** 〜化(する) か	〜のようになること	[1]
** 開発(する) かいはつ	development〈develop, explore, cultivate, develop (land)〉	[図]
** 各〜 かく	each 〜	[3]
格差 かくさ	gap, differential	[5]
** 家庭 かてい	家族 かぞく	[1]
** 企業 きぎょう	business enterprise, company	[3]
** 技術 ぎじゅつ	technology, technique	[図]
業務 ぎょうむ	business, work	[5]
** 均等(な) きんとう	equally, evenly	[1]
** 勤務(する) きんむ	勤めること つと	[2]
勤労者 きんろうしゃ	働く人 はたら	[1]
** 結果 けっか	result	[1]
** 貢献(する) こうけん	contribution, services 〈contribute to〉	[2]
向上(する) こうじょう	よくなること	[2]
** 構成(する) こうせい	making, a make-up, structure, composition 〈compose〉	[3]

** 異なる こと	違う ちが	[2]
** 今日 こんにち	このごろ	[5]
** 差 さ	difference	[33]
財務 ざいむ	financial affairs	[図]
** 様々(な) さまざま	いろいろな	[3]
就業(する) しゅうぎょう	仕事をすること しごと	[1]
就業者 しゅうぎょうしゃ	employees, 仕事をする人 しごと ひと	[1]
** 重視(する) じゅうし	大事だと考える だいじ かんが	[2]
* 重点をおく じゅうてん	place a focus on	[1]
** 収入 しゅうにゅう	income	[2]
* 従来 じゅうらい	これまで, 今まで いま	[1]
** 主義 しゅぎ	principle, an 'ism'	[5]
** 趣味 しゅみ	hobby	[1]
少数 しょうすう	the minority	[3]
* 人材 じんざい	talent, a talented person	[3]
** 進む すす	make progress, advance	[5]
* 図表 ずひょう	graph and chart	[3]
** 制度 せいど	system	[5]
** 責任 せきにん	responsibility	[3]
** 積極的(な) せっきょくてき	positive	[図]
選抜(する) せんばつ	selection, picking out 〈selecty, pick out〉	[3]
* 専門職 せんもんしょく	specialized job	[3]
層 そう	layer, stratum	[2]
* それぞれに	each	[1]
** 〜に対応(する) たいおう	correspond to 〜, equivalent to 〜	[5]
対比(する) たいひ	contrast〈contrast〉	[3]
多額 たがく	large sum of money	[3]
** 多数の たすう	the majority	[4]
** 例えば たと	for example	[2]

** 多様化(する) <small>たようか</small>	diversification 〈 diversify 〉	[1]
** 地域 <small>ち いき</small>	region, area	[3]
** 中心 <small>ちゅうしん</small>	center, focus	[1]
** 調査(する) <small>ちょう さ</small>	investigation 〈 investigate 〉	[3]
* ～同士 <small>どう し</small>	fellow ～	[2]
* 導入(する) <small>どうにゅう</small>	introduction〈introduce〉	[5]
** 特徴 <small>とくちょう</small>	characteristics	[2]
* ～に伴い <small>ともな</small>	along with ～, together with ～	[5]
二極 <small>に きょく</small>	bipolar	[5]
* 担う <small>にな</small>	carry on one's shoulder, bear, take on oneself	[3]
* 年収 <small>ねんしゅう</small>	annual income	[2]
* 年齢 <small>ねんれい</small>	one's age	[2]
** 能力 <small>のうりょく</small>	ability, potential	[2]
** ～派 <small>は</small>	group, party, faction	[1]
派遣(する) <small>は けん</small>	dispatch〈dispatch〉	[図]
** 発展(する) <small>はってん</small>	development, growth	[2]

	〈develop, grow〉	
* バランス	balance	[1]
** 比較(する) <small>ひ かく</small>	比べる <small>くら</small>	[2]
** 評価(する) <small>ひょう か</small>	evaluation〈evaluate〉	[5]
** 分野 <small>ぶん や</small>	field, area	[3]
** 方向 <small>ほうこう</small>	direction	[5]
報酬 <small>ほうしゅう</small>	reward, remuneration	[3]
任す <small>まか</small>	leave ～ to someone, trust someone with ～	[3]
* 見通し <small>み とお</small>	perspective, unobstructed view, prospect	[3]
** 認める <small>みと</small>	acknowledge	[2]
* N₁ を N₂ とみなす	consider N1 as N2	[4]
* 明確(な) <small>めいかく</small>	はっきりした	[5]
* ～に基づく <small>もと</small>	be based on ～	[5]
* 優先(する) <small>ゆうせん</small>	priority〈have priority〉	[4]
** 割合 <small>わりあい</small>	ratio	[2]

資料―5　多様化する就業意識　文型

【1】 V-る ⎱
　　　A-い ⎰ とともに～　'as well as / at the same time as V / A, ～;
　　　　　　　　　　　　　V-る / A-い と同時に～' [2]

［例］

a. 仕事派は会社の発展に対する貢献への意識が高いとともに、社会貢献に対する意識も高い。

b. あの人は、自分の仕事に厳しいとともに、まわりの人間の仕事に対する評価も厳しい。

c. 日本の大学入試の勉強は、高校生から自由を奪うとともに、勉強する喜びも失わせている。

［練習］

d. 今日、日本人の就業意識が多様化しているとともに、＿＿＿＿＿＿＿＿＿＿＿＿＿。

e. ＿＿＿＿＿＿＿＿＿＿＿＿＿＿＿＿＿＿とともに、地域の発展も考えなくてはいけない。

f. ＿＿＿＿＿＿＿＿＿＿＿＿＿＿＿＿＿＿＿＿＿＿＿＿＿＿＿＿＿＿＿＿＿。

【2】 S (plain) かわりに～　'S, but (to make up for) ～; S, so (to make up for) ～; [3]
　　　　　　　　　　　　　Sけれど、一方で～'

┌─ ひとくちメモ ─────────────────────────────┐
│
│ Sの内容と「～」の内容は、それぞれ良いことと悪いことでバランスがとれて、不足
│ が補われたり、効果が消されたりしていることを表します。
│
│ The event/state expressed in S is counterbalanced with another event/state expressed in ～.
│
└───┘

［例］

a. 少数の層は責任やリスクも重いかわりに、多額の報酬を受け取っている。

b. その会社の製品は、ほかの会社のに比べて値段が高いかわりに、安全性も高い。

c. 当社は他社に比べて給料がいいかわりに、社員に非常に高い営業成績を要求する。

［練習］

d. その店は、品物の値段が安いかわりに、＿＿＿＿＿＿＿＿＿＿＿＿＿＿＿＿。

e. 私の仕事は、＿＿＿＿＿＿＿＿＿＿＿＿＿＿＿＿かわりに給料も少ない。

f. ＿＿＿＿＿＿＿＿＿＿＿＿＿＿＿＿＿＿＿＿＿＿＿＿＿＿＿＿＿。

●資料─6「会社と「出る杭・出ない杭」」予習シート●

●**読む前に考えましょう**

[1]「出る杭は打たれる」ということばを知っていますか。それはどういう意味ですか。

[2] 日本のサラリーマンについてどのようなイメージを持っていますか。

[3] 日本のサラリーマンと「出る杭は打たれる」ということばにどのような関係があると思いますか。

●**読みながら考えましょう**

[1]「サラリーマン『平和三原則』の怪」について

1) サラリーマンが会社を辞めるきっかけを、本文にもとづいて分類してみましょう。

会社をやめるきっかけ	本人の意志がある	(　　　　　)	例：結婚退社、家を継ぐ
		消　極　的理由	例：(　　　　　　　　)
	本人の意志が(　　　)		

2) 少々のことがあっても会社に居すわろうとするのは男と女でどちらが多いですか。それはなぜですか。

3) 会社をクビにならないために多くのサラリーマンはどのようなことに注意していますか。

[2]「出る杭の真実」について

1) 筆者はサラリーマンが「出る杭は打たれる」ということばを意識しながら会社で働くことに賛成ですか。反対ですか。それはどうしてですか。

114

[3]「悔いなき人生に向けて」について

1)「出る杭は打たれる」を筆者の言葉で言い換えるとどうなりますか。

（どんな：　　　　　　　　）社員は（だれ：　　　　　　　　）に打たれる。

2）どうして会社では「出る杭は打たれる」のですか。

3）これから自分で会社を作ったりする人にとって、このことばは必要ですか。それはどうしてですか。

[4] 筆者のメッセージは何ですか。

資料―6　会社と「出る杭・出ない杭」語彙

**甘んじる あま	be contented, put up with	[26]
生き抜く い ぬ	survive	[15]
居酒屋 い ざ か や	bar, pub	[16]
**意志 い し	will, volition	[2]
*いずれも	arbitrary	[3]
居すわる い	stay on, remain	[6]
居づらい い	uncomfortable to stay	[4]
いましめ	admonition, lesson	[16]
嫌気 いや け	disinclination	[4]
埋もれる う	be buried, remain in obscurity	[18]
追い込む お こ	herd, corner, drive	[4]
怪 かい	mistery, wonder	[1]
*解雇(する) かい こ	discharge, dismissal 〈fire〉	[4]
回避(する) かい ひ	evasion, avoidance 〈evade〉	[7]
格言 かくげん	aphorism	[13]
*確信(する) かくしん	conviction, confidence 〈believe firmly〉	[15]
*確率 かくりつ	probability	[5]
**家事 か じ	housework	[3]
かたや	on the one hand, 一方 いっぽう	[4]
*かつて	once, before	[21]
かの	あの	[14]
*可能性 か のうせい	possibility	[5]
交わす か	exchange (messages), dodge, parry, avoid, turn aside	[16]
**官庁 かんちょう	government office, authorities	[25]
**関連(する) かんれん	relation, connection 〈relate (to)〉	[13]
規格 き かく	standard, norm	[21]
起業家 き ぎょう か	自分で会社を作る人 じ ぶん かいしゃ つく ひと	[3]
*キッカケ	きっかけ, opportunity, chance, start	[2]
きわめて	extremely	[16]
**勤務(する) きん む	働くこと はたら	[8]
杭 くい	stake, post, pile	[12]
悔い く	regret	[27]
*腐る くさ	rot, go bad	[18]
クビ	くび, dischange〈dismiss〉	[8]
**原則 げんそく	principle	[1]
*行為 こう い	action	[5]
工業 こうぎょう	industry	[21]
口実 こうじつ	excuse, pretext	[10]
*公務員 こう む いん	government worker, public (civil) servant	[25]
**個性 こ せい	personality, individuality	[23]
*好む この	like, prefer	[13]
**財産 ざいさん	property, fortune, assets	[23]
**才能 さいのう	talent, ability	[5]
策 さく	plan, policy	[7]
左遷(する) さ せん	demotion, degradation 〈demote (to)〉	[4]
残像 ざんぞう	afterimage	[21]
しがみつく	cling, hold on fast	[6]
**失敗(する) しっぱい	failure〈fail〉	[8]
**消極的(な) しょうきょくてき	passive	[3]
上司 じょう し	one's superior officer	[21]
**将来 しょうらい	future, prospects	[4]
*真実 しんじつ	truth	[12]
真相 しんそう	truth, real situation	[19]
棄てる す	throw away, abandon	[18]

**生産(する) <small>せいさん</small>	production〈produce〉	[21]
**積極的(な) <small>せっきょくてき</small>	positive, active	[3]
*選択肢 <small>せんたくし</small>	choices	[5]
旋風 <small>せんぷう</small>	whirlwind	[19]
**組織(する) <small>そしき</small>	organization, system, construction〈form〉	[22]
**存在(する) <small>そんざい</small>	existence, being〈exist〉	[22]
退社(する) <small>たいしゃ</small>	resignation, leaving office〈resign〉	[3]
**態度 <small>たいど</small>	attitude, manner	[8]
*ただの	only, just	[22]
**立場 <small>たちば</small>	standpoint	[22]
脱〜 <small>だつ</small>	withdraw from 〜	[22]
*単純(な) <small>たんじゅん</small>	simplicity	[16]
中年 <small>ちゅうねん</small>	middle age	[13]
*通用(する) <small>つうよう</small>	popular use, circulation 〈circulate〉	[25]
浸かる <small>つ</small>	be soaked, be flooded	[26]
継ぐ <small>つ</small>	succeed	[3]
*転職(する) <small>てんしょく</small>	change of occupation 〈change one's job〉	[3]
転身(する) <small>てんしん</small>	仕事を変えたりして生 <small>しごと か</small> き方を変えること <small>かた か</small>	[24]
**独立(する) <small>どくりつ</small>	independence, self-support〈become independent〉	[3]
土台 <small>どだい</small>	foundation, base, basis	[22]
**成り立つ <small>な た</small>	conclude, consist of, be practical (logical, feasible)	[21]
*認識(する) <small>にんしき</small>	recognition, cognizance 〈recognize〉	[22]

*抜く <small>ぬ</small>	extract, omit, surpass	[16]
**能力 <small>のうりょく</small>	ability	[8]
反歌 <small>はんか</small>	*和歌への返事の歌* <small>わか へんじ うた</small>	[18]
*必死(な／の) <small>ひっし</small>	desperate, frantic	[6]
美徳 <small>びとく</small>	virtue	[21]
**不安(な) <small>ふあん</small>	anxiety, uneasiness, insecurity, suspense	[4]
不換紙幣 <small>ふかんしへい</small>	inconvertible paper money, inconvertible note	[25]
ぶら下がる <small>さ</small>	hang, dangle	[6]
**分類(する) <small>ぶんるい</small>	classification〈classfy〉	[2]
防御(する) <small>ぼうぎょ</small>	defense〈defend〉	[10]
棒切れ <small>ぼうき</small>	stick	[22]
没個性 <small>ぼっこせい</small>	個性がないこと <small>こせい</small>	[21]
ほどこす	do, perform	[7]
見立て <small>みた</small>	diagnosis, judgement	[21]
恵む <small>めぐ</small>	bless, show mercy to	[5]
**目立つ <small>めだ</small>	be conspicuous, stand out	[16]
*めでたい	good, happy	[3]
*やがて	before long, soon	[18]
やむ	stop, cease	[15]
揺らぐ <small>ゆ</small>	swing, tremble	[26]
*要素 <small>ようそ</small>	element	[21]
*よほど	very, much, highly	[5]
*リストラ	restructuring	[19]
和歌 <small>わか</small>	31 syllable poem, Waka	[18]

資料—6　会社と「出る杭・出ない杭」文型

【1】 V-て やまない ‘cannot stop but do; ずっと V(stem) つづける、心から V’　[15]

> **ひとくちメモ**
>
> 「V-て」には希望や信念を 表 すことば、たとえば、「願う、祈る、確信する、希望す
> る」などが使われて、話す人／書く人の強い関心を 表 します。
>
> The verbs used in the V-て form are usually those expressing one's hope, wish, and strong
> beliefs such as 願う、祈る、確信する、希望する etc. The speaker/writer's concern over some-
> one or some situation is emphasized.

[例]

a. それでは、これからの社会は生き抜けないと**確信してやまない**。

b. 留 学生が日本社会について深く理解することを**願ってやまない**。

c. ゆかりさんは、山田さんが**愛してやまない**たった一人の孫だ。

[練習]

d. 私は今度のプロジェクトが成功することを＿＿＿＿＿＿＿＿＿＿＿＿＿＿＿＿＿＿＿。

e. 私は＿＿＿＿＿＿＿＿＿＿＿＿＿＿＿＿＿＿＿ことを心から希望してやまない。

f. ＿＿＿＿＿＿＿＿＿＿＿＿＿＿＿＿＿＿＿＿＿＿＿＿＿＿＿＿＿。

【2】 V-る には〜 ‘in order to / for the purpose of V-ing, 〜; V-る ためには〜’　[23]

> **ひとくちメモ**
>
> 目的や目 標 を 表 す 表 現です。「〜」の部分の内容は、その目的や目 標 に達するため
> に必要なことを 表 しています。
>
> This expression is used to indicate an objective or a goal. The subsequent part of the sentence
> often expresses what is necessary or important to accomplish the objective or the goal.

[例]

a. こうした 職 業 で**成功するには**、「個性」は最大の財産なのだ。

b. 奨 学金をもらう**には**、本人の勉強への姿勢がもっとも大切だ。

c. 不 況 の中で**生き抜いていくには**、創 造 力 は有効な武器だ。

118

[練習]

d. 日本語の力をつけるには、＿＿＿＿＿＿＿＿＿＿＿が＿＿＿＿＿＿＿＿＿＿＿だ。

e. ＿＿＿＿＿＿＿＿＿＿＿＿＿＿＿＿＿＿＿には、豊富な資金が必要だ。

f. ＿＿＿＿＿＿＿＿＿＿＿＿＿＿＿＿＿＿＿＿＿＿＿。

【3】 N にとって～　'for / from the viewpoint of N, ～; N には～'　[24]

ひとくちメモ

「～」は N の立場からの判断や評価を表します。

The part ～ expresses the judgement or evaluation from the standpoint of N.

[例]

a. 独立・起業家への転身をする身にとっては、「杭を辞めて個性と顔を持った人として生きる」ことこそが大事なのだ。

b. 来年就職活動をする私にとっては、企業についての情報はとても大切だ。

c. そのニュースは、私にとっては、大きな喜びだった。

[練習]

d. ＿＿＿＿＿＿＿＿＿＿＿にとっては、奨学金はどうしても必要なものである。

e. 日本に住む外国人にとっては、＿＿＿＿＿＿＿＿＿＿＿＿＿＿＿＿＿。

f. ＿＿＿＿＿＿＿＿＿＿＿＿＿＿＿＿＿＿＿＿＿＿＿。

日本の外国人

キーワード

国際化（する）	こくさいか	internationalization 〈globalize〉
多様化（する）	たようか	diversification 〈diversify〉
在日外国人	ざいにちがいこくじん	foreigners living in Japan
日系人	にっけいじん	person of Japanese descent
出稼ぎ	でかせぎ	work away from home, emigrate
差別（する）	さべつ	discrimination 〈discriminate〉
トラブル		trouble, problem
雇用（する）	こよう	employment, hiring 〈employ, hire〉
外国人子女教育	がいこくじんしじょきょういく	education of foreigners' children
共生（する）	きょうせい	living together 〈live together〉

●資料―1「在日ブラジル人　脱・出稼ぎ」予習シート●

●読む前に考えましょう

[1] 日本に住んでいる外国人の生活についてどのようなイメージを持っていますか。

●見出しを見て考えましょう

[1]「在日ブラジル人　脱・出稼ぎ」

1)「出稼ぎ」ということばを聞いたことがありますか。それはどのような意味ですか。

2)「脱・出稼ぎ」とはどのようなことでしょうか。そのことばは具体的にどのような変化を表していますか。

[2]「『外国人密度日本一』　群馬・大泉町にみる」

1)「外国人密度日本一」とはどのような意味ですか。大泉町はどのような特徴のある町ですか。

[3]「技術身につけ商売や新事業」

1) だれが技術を身につけますか。「商売や新事業」のあとにどのようなことばが続くと思いますか。

[4] 見出し全体からどのような内容が書いてあると思いますか。

[5] 図「在日ブラジル人が多い都府県」を見て、どのようなことが分かりますか。

[6] グラフ「ブラジル国籍で外国人登録をしている人たちの推移」を見て、どのようなことが分かりますか。

●読みながら考えましょう

[1] 日系ブラジル人の人数や日本での生活は、ここ 10 年でどう変化していますか。

[2] 大泉町のブラジリアンプラザについて

　　1) どこにありますか。

　　2) どのような店が何軒ありますか。

　　3) 経営しているのはどのような人ですか。

　　4)「この町で膨らみ続けるブラジル人向けの市場は、出稼ぎ労働者の一部を経営者に変えた」という文の内容を自分のことばで表現してみましょう。

[3] 大泉町について

　　1) 町の人口は何人ですか。どのような産業がありますか。

　　2) 外国人は何人いますか。外国人はどこで働いていますか。

　　3) なぜ、日系二世、三世の人の入国が増えたのでしょうか。

[4] 記事で紹介されている外国人についてかんたんにまとめましょう。どのようなことが分かりますか。

　　1) 新垣修さん　　　　2) 大河内忠喜ロベルトさん　　　3) 森モリヨシさん

　　4) 笠原いずみさん　　5) 徳永アルベルト良雄さん

[5] 記事で紹介されている日系ブラジル人向けの仕事についてまとめましょう。どのようなことが分かりますか。

　　1) パーフェク TV　　　　　　　　2) インターナショナル　プレス

資料—1　在日ブラジル人　脱・出稼ぎ **語彙**

〜一本やり（いっぽん）	one's only policy, 〜だけしか考えない（かんが）	[6]
**永住（する）（えいじゅう）	permanent residency〈reside permanently〉	[1]
衛星（えいせい）	satellite	[10]
改正（する）（かいせい）	revision〈revise〉	[4]
*抱える（かか）	carry, hold	[4]
掲げる（かか）	display, put up	[3]
*稼ぐ（かせ）	earn money	[1]
〜に金をかける（かね）	spend money on 〜	[13]
壁紙（かべがみ）	wallpaper	[8]
*看板（かんばん）	signboard, sign	[3]
*管理（する）（かんり）	control〈control〉	[4]
**技術を身につける（ぎじゅつ・み）	acquire skills	[1]
吸収（する）（きゅうしゅう）	attraction〈attract〉	[4]
**急増（する）（きゅうぞう）	rapid increase〈increase rapidly〉	[9]
**教養（きょうよう）	culture, refinement, sophistication,	[13]
**経営者（けいえいしゃ）	proprietor, manager, executive	[3]
**〜する傾向にある（けいこう）	tend to do 〜, have a propensity to do 〜	[13]
*契約（する）（けいやく）	contract〈enter into (a contract)〉	[12]
**決意（する）（けつい）	determination〈resolve (to do)〉	[1]
**N1がN2を超える（こ）	N1 exceeds N2	[4]
**国籍（こくせき）	nationality	[4]
娯楽（ごらく）	entertainment	[13]
Nが5割を切る（わり・き）	N becomes below 50%	[9]
事業をおこす（じぎょう）	start an enterprise / business	[8]
市場（しじょう）	market	[3]
下請け企業（したう・きぎょう）	subcontractor	[4]
*締め切る（し・き）	close, set a deadline	[7]
10年単位で考える（ねんたんい・かんが）	plan / consider 〜 by the decade	[13]
就労（する）（しゅうろう）	being employed〈be employed〉	[4]
受信料（じゅしんりょう）	TV subscription charge	[12]
商売（しょうばい）	business	[1]
**制限（する）（せいげん）	limit〈limit〉	[4]
*制作（する）（せいさく）	作る（つく）	[11]
*成長力（せいちょうりょく）	power to grow	[13]
創刊（する）（そうかん）	launch a newspaper, the first edition〈start (a periodical)〉	[13]
滞在（する）（たいざい）	stay〈stay〉	[13]
脱サラ（する）（だつ）	脱サラリーマン（だつ）, quitting being a white-collar worker〈quit being a white-collar worker〉	[6]
*単純労働（たんじゅんろうどう）	simple work	[1]
*通用（する）（つうよう）	common use〈hold good, be used, be tolerated, pass (for)〉	[1]
出稼ぎ（する）（でかせ）	working away from home〈work away from home〉	[図]
店主（てんしゅ）	store owner	[3]
店舗（てんぽ）	store, shop	[3]
*動機（どうき）	motive, motivation	[6]
*登録（する）（とうろく）	registration〈register〉	[4]
徒歩（とほ）	foot (e.g. on foot)	[7]

＊日系〜人 <small>にっけい じん</small>	person of Japanese descent	[1]
〜熱 <small>ねつ</small>	enthusiasm, craze	[6]
発行部数 <small>はっこう ぶ すう</small>	number of publication, issues	[13]
番組 <small>ばんぐみ</small>	TV program	[11]
＊比率 <small>ひ りつ</small>	rate, ratio	[9]
＊膨らむ <small>ふく</small>	swell	[3]
＊部品 <small>ぶ ひん</small>	parts	[7]
放送(する) <small>ほうそう</small>	broadcast〈broadcast〉	[10]
＊〜を誇る <small>ほこ</small>	be proud of 〜	[13]
マイカー	my car, one's own car	[7]

＊前向き <small>まえ む</small>	positive	[6]
＊密度 <small>みつ ど</small>	density (e.g. 人口密度, <small>じんこうみつ ど</small> population density)	[2]
魅力 <small>み りょく</small>	charm, fascination	[12]
＊N1 向けの N2 <small>む</small>	N2 targeted for N1, N2 for N1	[13]
向こう 3 年間 <small>む ねんかん</small>	three years from now, これから 3 年間 <small>ねんかん</small>	[12]
＊目印 <small>め じるし</small>	sign, mark	[3]
＊＊目標 <small>もくひょう</small>	goal, objective	[12]
余裕 <small>よ ゆう</small>	reserve, surplus, room, time for	[13]

資料─1 在日ブラジル人 脱・出稼ぎ 文型

【1】 V-て の N 'N as a result of V-ing; V-た 結果の N' <small>けっ か</small> [6]

> **ひとくちメモ**
>
> たいてい「考える、思う、感じる、心配する、案じる」などの「V-て」を使って、話
<small>かんが おも かん しんばい あん つか はな</small>
> す人／書く人がよく考えたり強く感じたりした結果を表します。
<small>ひと か ひと かんが つよ かん けっ か あらわ</small>
>
> This indicates that the action/state expressed by the noun is the result of the speaker/writer's thorough thinking or deep feeling. Normally the て-forms of verbs of thoughts or feeling such as 考える, 思う, 感じる, 心配する, 案じる etc. are used.

[例]

a. パソコン熱を**感じての**「脱サラ」である。
<small>ねつ かん だつ</small>

b. 彼の「脱サラ」は家族のことを**考えての**決断だ。
<small>かれ かぞく かんが けつだん</small>

c. 今の専門は、将来の仕事を**考えての**選択だ。
<small>せんもん しょうらい しごと かんが せんたく</small>

[練習]

d. いつも食料や水をためておくのは、＿＿＿＿＿＿＿＿＿＿＿＿＿てのことだ。
<small>しょくりょう</small>

e. ＿＿＿＿＿＿＿＿＿＿＿＿＿＿＿は、30 年先の生活を心配してのことだ。
<small>ねん さき せいかつ しんばい</small>

f. ＿＿＿＿＿＿＿＿＿＿＿＿＿＿＿＿＿＿＿＿＿＿＿＿＿＿＿＿。

【2】 せめて N くらいは〜　'at least N, 〜; 少なくとも N 程度のことは〜' ［8］

ひとくちメモ

「せめて」は、必要最小限のレベルを表します。「理想には遠いけれど、少なくともそれだけは」という意味で、話す人／書く人の切実な気持ちを表します。

せめて is an adverb which indicates a minimum satisfactory level of some state, which is still very far from the ideal. The speaker/writer's earnest and sincere aspiration for the ideal is conveyed.

［例］

a. 小さな事業でもおこしたいのでせめてパソコンくらいは。

b. どんなに忙しくても、せめて年賀状くらいは出したほうがいい。

c. どんなに経済的に大変でも、せめて大学くらいは卒業しておこう。

［練習］

d. ＿＿＿＿＿＿＿＿＿＿＿＿＿＿＿でも、せめて挨拶くらいはしたほうがいい。

e. どんなに疲れていても、せめて＿＿＿＿＿＿＿＿＿＿＿＿＿＿＿。

f. ＿＿＿＿＿＿＿＿＿＿＿＿＿＿＿＿＿＿＿＿＿＿＿＿＿。

【3】 N といえば〜　'If you speak of N / when it comes to N, 〜; N というと / だったら〜' ［9］

ひとくちメモ

「〜」の部分は N のことばを聞いたときに一番始めに思い出す典型的なことがらです。

The part 〜expresses the typical thing or event that comes into mind upon hearing the word N.

［例］

a. ひと昔前まで、在日外国人といえば、韓国・朝鮮系の人たちだった。

b. イギリスといえば、紅茶だと思う人がいる。

c. 少し前までは、日本の車といえば、安くて小さいと思われていた。

［練習］

d. ＿＿＿＿＿＿＿＿＿＿＿＿＿＿＿＿といえば、世界的な芸術家だ。

e. 今の若者の流行といえば、＿＿＿＿＿＿＿＿＿＿＿＿＿＿＿。

f. ＿＿＿＿＿＿＿＿＿＿＿＿＿＿＿＿＿＿＿＿＿＿＿＿＿。

●資料─2「外国人はめずらしい？」予習シート●

●読む前に考えましょう

[1] 外国人として日本で生活していて、困ったことやいやな経験がありますか。

[2] 日本に住んでいるほかの外国人はどのような問題を持っていると思いますか。

●読みながら考えましょう

[1]「やめて下さい　野生動物扱い」について

　1）だれが書きましたか。どこの国の人ですか。職業は何ですか。

　2）今どこに住んでいますか。またどのくらいそこに住んでいますか。

　3）日本人から「しげしげ見つめられたり、くすくす笑われたりする」ことについてどう思っていますか。

　4）「注目されること」と「利用されること」はどのようにちがいますか。

　5）「この前の週末」の話は「注目されること」と「利用されること」のどちらの例ですか。

　6）「日本に住む欧米人にとって典型的な出来事」とはどういう意味ですか。自分のことばで表現してみましょう。

　7）その出来事によって、具体的にどのような経験をしましたか。この出来事のどこが問題だと思いますか。

　8）「私には2つの選択がありました」と書いています。それぞれの選択をしたとき、たいへんなことはどのようなことですか。また、いい点はどのようなことですか。

[2]「動物扱いはきっと誤解よ」について

1）だれが書きましたか。どこの国の人ですか。職業は何ですか。何歳ですか。

2）この人はJさんの投書を読みました。そのあと、どうして投書を書いたと思いますか。

3）この人の好意的見方によると、日本人グループはどうしてそのような行動をしたのでしょうか。日本人グループの問題点は何でしたか。

4）この人はどうしたら誤解されないですみましたか。

5）この人の住んでいる町には、外国人はいますか。どのような人ですか。

6）この人はその外国人に話しかけたいと思っていますか。すぐに話しかけますか。

7）この人はJさんにどのようなアドバイスをしていますか。

[3]「地域の信頼を得るのが大切」について

1）だれが書きましたか。どこの国の人ですか。職業は何ですか。何年ぐらい日本に住んでいますか。

2）「恩返し」の意味は何ですか。だれに、どうして「恩返し」をしようと思いましたか。

3）この人はどうして消防分団の分団員になろうと思ったのでしょうか。

4）この人は分団員になれたとき、どうして大変感激しましたか。

5）外国人が分団員になることで、日本人が心配したことは何ですか。

6）外国人が日本社会の一員になるために、外国人へどのようなアドバイスをしていますか。政府へはどのようなアドバイスをしていますか。

資料—2　外国人はめずらしい？ 語彙

** ～扱い　あつか	treat N as ～	[a1]
意思の疎通　いし　そつう	mutual understanding	[b3]
* 一生懸命　いっしょうけんめい	hard, with all one's might	[c3]
** 移動(する)　いどう	move, shift〈move, shift〉	[a4]
追い付く　お　つ	catch up	[a4]
N1 とおぼしき N2	N2 looking like N1	[b4]
** 価値　かち	value	[a6]
加入(する)　かにゅう	joining, entry〈join, affiliate〉	[c5]
** 貴重(な)　きちょう	precious	[a6]
** 記念(する)　きねん	commemoration〈commemorate〉	[b2]
疑問を呈する　ぎもん　てい	express one's doubt	[b2]
** 具体的(な)　ぐたいてき	concrete	[c8]
** 経験(する)　けいけん	experience〈experience〉	[a3]
** 決意(する)　けつい	determination〈resolve, determine〉	[c2]
懸念(する)　けねん　心配 しんぱい		[c5]
** 好意的(な)　こういてき	friendly	[b3]
** 貢献(する)　こうけん	contribution〈contribute (to)〉	[c7]
** 誤解(する)　ごかい	misunderstanding〈misunderstand〉	[b1]
** 国籍　こくせき	nationality	[c3]
混乱(する)　こんらん	confusion〈confuse〉	[c8]
しげしげと見る　み	stare at	[a2]
自治体　じちたい	self-governing body, local autonomy	[c7]
地元　じもと	local	[c2]
消防分団　しょうぼうぶんだん	team of firemen	[c2]
* 申請(する)　しんせい	application〈apply〉	[c5]
** 信頼(する)　しんらい	trust〈trust〉	[c1]
* 勧める　すす	recommend	[c3]
接する　せっ	contact	[b3]
千差万別　せんさばんべつ	すべて違うこと ちが	[b4]
** 選択(する)　せんたく	selection〈select〉	[a5]
銭湯　せんとう	public bath house	[c3]
* 滝　たき	waterfall	[a4]
* ただし	but, however, only	[a3]
* ためらう	hesitate	[b4]
** 地域　ちいき	area, region	[c3]
注目(する)　ちゅうもく	notice, attention〈pay attention to〉	[a3]
* 尽くす　つ	devote oneself to	[c3]
** 典型的(な)　てんけいてき	typical	[a3]
* ～同士　どうし	fellow ～	[b5]
* N1 が N2 に溶け込む　と　こ	N1 blends in N2	[a2]
非難(する)　ひなん	blame〈blame〉	[a2]
* 野生動物　やせいどうぶつ	wild animal	[a6]
ようやく	やっと	[a2]
** 利用(する)　りよう	utilization〈use〉	[a3]
* 話題　わだい	topic	[c7]

資料—2　外国人はめずらしい？ 文型

【1】 N1 とおぼしき N2　‘N2 which seems to be N1;
N1 と思われる N2; N1 のような N2’

[b4]

［例］

a. 私の町でも、英語指導助手とおぼしき人たちを見かける。

b. きのう渋谷へ行ったら、団体旅行の外国人とおぼしき人たちがおおぜい歩いていた。

c. この町では外国人とおぼしき人を見かけない。

［練習］

d. 危険物とおぼしき＿＿＿＿＿＿＿＿＿＿＿＿を見たら、すぐに警察に知らせてください。

e. 最近、景気が悪くて、＿＿＿＿＿＿＿＿＿＿＿＿＿＿＿とおぼしき人が多くなった。

f. ＿＿＿＿＿＿＿＿＿＿＿＿＿＿＿＿＿＿＿＿＿＿＿＿＿＿＿＿＿＿＿＿。

【2】 N ／ V-た ｝だけに　‘As you would expect from / As might be expected from N / V-ing’

[c4]

┌─ ひとくちメモ ────────────────────────────┐

「だけに」は根拠や理由と話す人／書く人の判断や感想とをつなぐことばです。「から」や「ので」と違って、「だけに」はその根拠や理由について話す人／書く人が驚いたり感動したりしていることも表します。「だけあって」ということばにかえても、意味はだいたい同じです。

だけに connects the speaker's judgement or sentiment and the reason or the cause behind it. Unlike から and ので、だけに adds to the statement the nuance that the speaker/writer acknowledges or is deeply impressed with the quality of the reason or the effectiveness of the cause. It can be replaced with だけあって without making much difference in meaning.

└────────────────────────────────────┘

［例］

a. 日本人と同じ手続きを経ての決定だけに、大変、感激しました。

b. 努力してやっと仕上げた論文だけに、完成したときの感激は大きかった。

c. 京都は昔、日本の中心だっただけに、今でも歴史的な建物や伝統的な習慣が多く残っている。

［練習］

d. あの人は日本文学を専攻しただけに、＿＿＿＿＿＿＿＿＿＿＿＿＿＿＿＿＿。

e. ＿＿＿＿＿＿＿＿＿＿＿＿＿＿＿＿＿だけに、盛大なパーティーだった。

f. _____○

●資料─3「日本にいる外国人は？」予習シート●

●グラフを見る前に考えましょう

[1] あなたは「国際化（こくさいか）」ということばを聞いてどのようなことをイメージしますか。

[2] 日本人は「国際化」ということばを聞いてどのようなことをイメージすると思いますか。

●グラフを見ながら考えましょう

[1] ここには2つの調査（ちょうさ）があります。それぞれの調査がどのように実施（じっし）されたかまとめましょう。

（だれ・機関（きかん）：　　　　　）は、（いつ：　　　　　　）、（対象（たいしょう）：　　　　　）を対象に、

（調査のタイトル：　　　　　）という調査を行（おこな）った。

[2] 1～5のそれぞれのグラフについて情報（じょうほう）をまとめてみましょう。

	何についてのグラフですか	2つのうちのどちらの調査結果（けっか）ですか	グラフの項目（こうもく）と数字（すうじ）を読みましょう	どのようなことが分かりますか
1				
2				
3				
4				
5				

[3] 2つ以上のグラフを関連（かんれん）させてください。どのようなことが言えますか。

　　例（れい）：2と3、2と4、1と5

資料─3 日本にいる外国人は？ 語彙

** 相手 (あいて)	companion, partner, opponent	[図4]
** 意識(する) (いしき)	consciousness, senses 〈feel, be conscious (of)〉	[1]
** 異文化 (いぶんか)	different culture	[図3]
** 受入れ (うけいれ)	receiving, acceptance 〈receive, accept〉	[図5]
* 解雇(する) (かいこ)	dismissal〈fire, dismiss〉	[図3]
解除(する) (かいじょ)	lifting, call off〈cancel〉	[図3]
** 回答(する) (かいとう)	answer, reply〈answer, reply〉	[2]
* 抱える (かか)	have, hold	[図2]
学業 (がくぎょう)	one's study	[図2]
** 活動(する) (かつどう)	activity〈be active〉	[図3]
環境保全 (かんきょうほぜん)	environmental preservation	[図5]
** 機会 (きかい)	chance, opportunity	[図3]
** 期間 (きかん)	term, period	[2]
基金 (ききん)	fund	[図5]
規制緩和 (きせいかんわ)	deregulate, removal of restrictions	[図1]
** 寄付(する) (きふ)	contribution, donation 〈contribute, donate〉	[図5]
** 義務 (ぎむ)	obligation	[図3]
寄与(する) (きよ)	contribution, services 〈contribute, do a lot for〉	[図5]
** 行政 (ぎょうせい)	administration	[3]
** 近所 (きんじょ)	neighborhood	[図3]
近隣 (きんりん)	one's neighborhood	[2]
* 契約書 (けいやくしょ)	contract	[図3]
** 公的(な) (こうてき)	formal, public	[図3]
** 行動(する) (こうどう)	action〈act〉	[2]
* 購入(する) (こうにゅう)	purchase〈buy, make a purchase〉	[図3]
** 交流(する) (こうりゅう)	interchange, interaction 〈interchange, interact〉	[図1]
* 在住(する) (ざいじゅう)	住んでいる	[2]
在留(する) (ざいりゅう)	residence〈live in, reside (in)〉	[3]
** 差別(する) (さべつ)	discrimination 〈discriminate〉	[図3]
** 参加(する) (さんか)	participation 〈participate (in)〉	[図5]
参画(する) (さんかく)	taking part〈participate (in)〉	[図3]
* 支援(する) (しえん)	support〈support〉	[図5]
** 資格 (しかく)	qualification	[図3]
自国 (じこく)	one's country	[図4]
自治会 (じちかい)	resident's association	[図3]
* 実施(する) (じっし)	putting into practice 〈put into practice〉	[2]
住居 (じゅうきょ)	residence	[図3]
** 就職(する) (しゅうしょく)	finding work〈find work, get secure〉	[図3]
* 需要 (じゅよう)	demand	[3]
** 処理(する) (しょり)	management, dealing 〈deal (with)〉	[図2]
** 書類 (しょるい)	document	[図3]
親権 (しんけん)	parental authority	[図3]
セクシャルハラスメント	sexual harassment	[図3]
** 相談(する) (そうだん)	consultation〈consult with〉	[図4]
** 組織(する) (そしき)	organization, formation 〈organize, form〉	[図4]
その他 (た)	others	[図2]
** 対応(する) (たいおう)	correspondence 〈correspond to, answer to〉	[図3]
滞在(する) (たいざい)	stay〈stay〉	[図3]

**対象 たいしょう	target	[2]
担当者 たんとうしゃ	person in charge	[図4]
**地域 ちいき	area	[図3]
**調査(する) ちょうさ	investigation〈investigate〉	[1]
町内会 ちょうないかい	neighborhood association	[図3]
*貯金(する) ちょきん	savings〈save money〉	[図5]
*付き合い つ　あ	association	[図3]
*勤め先 つと　さき	one's place of work	[図4]
*手続き てつづ	formalities, procedures	[図3]
*登録(する) とうろく	registration〈register〉	[3]
豊島区 としまく	Toshima ward	[3]
*途上国 とじょうこく	developing countries	[5]
納税者 のうぜいしゃ	taxpayer	[図3]
**能力 のうりょく	ability	[図3]
*配偶者 はいぐうしゃ	spouse, mate	[図3]
*発揮(する) はっき	giving full play to one's ability〈give full play to one's ability〉	[図3]
*発行(する) はっこう	publication, issue〈publish, issue〉	[2]
発信(する) はっしん	sending an information, dispatching a message〈send an information, dispatch a message〉	[図3]
**販売(する) はんばい	sale, selling〈sell, deal (in)〉	[図5]
*〜費 ひ	cost for 〜	[図2]
**不況 ふきょう	recession	[図3]
物品 ぶっぴん	article, goods	[図3]
不本意(な) ふほんい	disappointing	[図3]
閉鎖的(な) へいさてき	uncommunicative	[図3]
*保証人 ほしょうにん	guarantor	[図3]
窓口 まどぐち	window for a service	[図4]
**民族 みんぞく	race, nation	[図3]
*無回答 むかいとう	no answer, no response	[図1]
無許可 むきょか	unauthorized	[図3]
*役所 やくしょ	public office	[図4]
約款 やっかん	agreement, stipulation	[図3]
**有効(な) ゆうこう	valid, available	[2]
*輸入(する) ゆにゅう	import〈import〉	[図1]
*離婚(する) りこん	divorce〈divorce〉	[図3]

134

●資料—4「「隣人」像　描き切れぬ現実」予習シート●

●読む前に考えましょう

[1] あなたが外国に住んだら、その国の人と交流をしたいですか。どのように交流をしたいですか。

[2] 日本にいる外国人は日本人とどのように交流をしたいと思っているでしょうか。

●読みながら考えましょう

[1]「『隣人』像　描き切れぬ現実」について
　　1）だれがだれの「隣人」ですか。

[2]「彼我の意識に微妙なズレ」について
　　1）（　）にことばを入れて文にしてみましょう。

　　　彼（　　）我（　　）意識に微妙なズレ（　　　　　　　）

　　2）記事は調査の結果にもとづいて書かれました。どのような調査かまとめましょう。

	実施者	実施した時期	調査の名前
外国人への調査			
日本人への調査			

　　3）外国人への調査からはどのような結果が出ましたか。

　　4）日本人への調査からはどのような結果が出ましたか。また、調査結果はどのように分析されましたか。

　　5）外国人が住んでいる地域で、日本人が問題に感じるのはどのような点ですか。その問題はすぐに解決していますか。

6）横山さんは、この問題についてどのような意見を持っていますか。

[3]「負のイメージ、理解の障害　外国人のニーズ考え交流を」

1）（　）にことばを入れて文にしてみましょう。

（だれ：　　　）への負のイメージは、（だれ：　　　）への理解の障害（　　　　　）

（だれ：　　　）は外国人のニーズ（　　　　　）考えて交流を（　　　　　）

2）だれが、何について意見を述べていますか。

3）日本の中での「外国人問題」はどのように変わってきましたか。

	外国人問題
1970 年代まで	
1980 年代中ごろ	
1980 年代後半以降	

4）超過滞在の人について、多くの日本人が持ちつつあるイメージはどのようなものですか。その原因は何ですか。山脇さんが指摘するプラス面はどのようなものですか。

5）山脇さんが主張する「心の国際化」のために必要なことは何ですか。具体的にはどのようなことですか。

資料―4 「隣人」像　描き切れぬ現実 語彙

** 一方的(な) いっぽうてき	one-sided	[b4]	
** 異文化 いぶんか	different culture	[b2]	
浮き彫りになる う ぼ	bring a matter to light, reveal	[a4]	
** 受け入れる う い	accept	[b2]	
うっとうしい	dull, depressing	[a5]	
** ～に応じ(て) おう	depend on ～	[b5]	
押しつける お	force	[a8]	
** 各地 かくち	every place	[b6]	
* 課題 かだい	theme	[b5]	
** 関連(する) かんれん	関係 かんけい	[b4]	
築く きず	build, construct	[b4]	
** 共生(する) きょうせい	いっしょに生きること い	[a5]	
居住(する) きょじゅう	住む す	[a4]	
区議 くぎ	区議会議員, member of a ward assembly くぎかいぎいん	[a5]	
草の根レベル くさ ね	grass-roots	[b6]	
** 詳しい くわ	know well	[b2]	
現に げん	actually	[a8]	
* 現場 げんば	site	[b5]	
* 肯定的(な) こうていてき	affirmative	[a4]	
郷に入っては郷に従え ごう い ごう したが	When at Rome, do as the Romans do.	[a7]	
* 合法 ごうほう	legal	[b4]	
** 交流(する) こうりゅう	interaction〈interact (with)〉	[a3]	
* こたえる	respond	[b7]	
好ましい この	いいと思う おも	[a4]	
コリアン	Koreans	[b3]	
* 在住(する) ざいじゅう	住んでいること す	[a3]	
** 在日 ざいにち	日本にいる にほん	[b3]	

* 支援(する) しえん	support, backing〈support〉	[b6]	
* 次第に しだい	gradually	[a4]	
自治体 じちたい	self-governing body, local autonomy	[b6]	
* 実践的(な) じっせんてき	practical	[b5]	
* 実態 じったい	actual state	[a3]	
** 習慣 しゅうかん	habits	[a3]	
* 障害 しょうがい	obstacle	[b1]	
商学部 しょうがくぶ	Department of commercial science	[b2]	
助教授 じょきょうじゅ	assistant professor	[b2]	
ズレ	ずれ, gap	[a1]	
** 積極的(な) せっきょくてき	positive	[b6]	
* 接触(する) せっしょく	contact〈touch〉	[a8]	
騒音 そうおん	noise	[a6]	
** 対象 たいしょう	target	[a3]	
** 互いに たが	each other	[a2]	
** 多様化(する) たようか	diversification〈diversify〉	[b3]	
** 段階 だんかい	stage	[b5]	
** 地域 ちいき	area	[a2]	
* 違い ちが	difference	[a5]	
超過滞在 ちょうかたいざい	overstay	[b4]	
* 著者 ちょしゃ	author	[a5]	
出稼ぎ でかせ	work away from home	[b3]	
問い と	question, 質問 しつもん	[a4]	
* 同級生 どうきゅうせい	classmates	[a5]	
* とけ込む こ	adjust, adopt, melt into	[b4]	
何らか なん	somehow	[a3]	
* ニーズ	needs	[b1]	
** 日常 にちじょう	daily	[a7]	

ネガティブ	negative	[b4]
練馬区 <small>ねり ま く</small>	Nerima ward	[a5]
望ましい <small>のぞ</small>	いいと思う <small>おも</small>	[a4]
＊犯罪 <small>はんざい</small>	crime	[b4]
＊微妙(な) <small>び みょう</small>	delicate	[a1]
負 <small>ふ</small>	negative	[b1]

＊＊深める <small>ふか</small>	deepen	[b2]
＊摩擦(する) <small>ま さつ</small>	conflict, friction〈rub (against)〉	[a6]
明治大学 <small>めい じ だいがく</small>	Meiji University	[b2]
わずらわしい	troublesome	[a7]
＊話題 <small>わ だい</small>	topic	[a6]

資料―4 「隣人」像　描き切れぬ現実 文型

【1】 V-る 上で〜　'in order for V-ing, 〜; V-る には〜' [b4]
<small>うえ</small>

> **ひとくちメモ**
>
> 目的や目標を表す表現です。「〜」の部分の内容は、その目的や目標に達するため
> <small>もくてき もくひょう あらわ ひょうげん　　　　　ぶ ぶん ないよう　　　　　もくてき もくひょう たっ</small>
> に必要なことを表しています。「V-る には」とくらべると、すこしかたい表現です。
> <small>ひつよう　　　　あらわ　　　　　　　　　　　　　　　　　　　　　　　　　　　　　　ひょうげん</small>
>
> This expression is used to indicated an objective or a goal. The subsequent part of the sentence often expresses what is necessary or important to accomplish the objective or the goal. Compared with V-る には, this pattern is slightly more formal and is often used in written style.

［例］

a. ネガティブなイメージを一方的に持つのは、日本が多文化社会を**築いていく上で**、大き
<small>いっぽうてき　　　　　　　　　　　　　　た ぶん か しゃかい　　きず</small>
な障害です。
<small>しょうがい</small>

b. 外国と経済的な協力関係を**作る上で**、まずするべきことはなんですか。
<small>けいざいてき　きょうりょくかんけい</small>

c. 外国語を**学習する上で**大切なことは、毎日の継続的な勉強だと思う。
<small>たいせつ　　　　　　　　けいぞくてき</small>

［練習］

d. 具体的な将来像を持つのは、＿＿＿＿＿＿＿＿＿＿＿＿＿＿＿＿＿上で重要だ。
<small>ぐ たいてき　しょうらいぞう　　　　　　　　　　　　　　　　　　　　　　　　　　　　　じゅうよう</small>

e. 人が生きていく上で大切なことは、＿＿＿＿＿＿＿＿＿＿＿＿＿＿＿＿ことだ。
<small>い</small>

f. ＿＿＿＿＿＿＿＿＿＿＿＿＿＿＿＿＿＿＿＿＿＿＿＿＿＿＿＿＿＿。

138

●資料―5「次世代へ託す　異文化との共生」予習シート●

●読む前に考えましょう

[1] あなたの国は外国人が住みやすいですか。住みにくいですか。それはどうしてですか。

[2] 日本は外国人が住みやすいと思いますか。住みにくいと思いますか。それはどうしてですか。

[3] 外国で生活しやすくするには、どのようなことが必要だと思いますか。

●見出しを見て考えましょう

[1]「アジアの留学生ら　子の視野広げる一助に」
　　1）だれが何をしていると思いますか。

　　2）それは何のためにしていると思いますか。

[2]「世界の仲間と合宿で討論」
　　1）だれがだれと何をしていると思いますか。

[3]「学生有志　国籍越えた補習授業」
　　1）だれが何をしていると思いますか。

　　2）それは何のためにしていると思いますか。

●読みながら考えましょう

[1] 前書きについて

　　1）ここ10年で日本に住む外国人は増えましたか。減りましたか。

　　2）日本は外国人にとって住みやすいですか。住みにくいですか。それはどうしてですか。

3）筆者は日本を外国人にとって生活しやすい国にするために、どのようなことが必要だ
　　と考えていますか。

4）この記事は何を紹介していますか。

5）それはどこの話ですか。

[2] a、b、cの3つの記事のうち1つを選び、次の情報をまとめましょう。
　1）だれによる試みですか。

　2）具体的にどのような活動をしていますか。

　3）その活動にどのような意味を感じていますか。

　4）その活動は日本人に対してどのように効果がありましたか。

　5）また、外国人に対してどのように効果がありましたか。

　6）その他の情報があったらまとめてください。

　7）この記事を読んでどのようなことを感じましたか。

[3] 他の記事についても情報をまとめてみましょう。

資料—5 次世代へ託す　異文化との共生 **語彙**

** 鮮やか(な)〈あざ〉	bright, vivid	[a2]
* 当たり前〈あ・まえ〉	usual, of course	[1]
あてにする	depend (on), rely (on)	[c7]
アフガニスタン	Afghanistan	[c2]
** ある程度〈ていど〉	some degree	[a9]
** 言いがたい〈い〉	hard to say	[1]
意向〈いこう〉	目的，ねらい〈もくてき〉	[a7]
一助〈いちじょ〉	help	[a1]
挑む〈いど〉	challenge	[a5]
** 浮かぶ〈う〉	float, come to	[a2]
* うなずく	nod	[c6]
おばけ	ghost, monster	[a3]
** 会館〈かいかん〉	hall	[a5]
* 解雇(する)〈かいこ〉	discharge〈dismiss, fire〉	[a10]
** 会長〈かいちょう〉	leader	[c4]
影絵〈かげえ〉	shadow picture	[a2]
語り部〈かた・べ〉	story teller	[a2]
合宿(する)〈がっしゅく〉	lodge together	[b3]
** 活動(する)〈かつどう〉	activity〈be active〉	[a8]
* 課程〈かてい〉	course, curriculum	[b4]
* 我慢(する)〈がまん〉	patience〈be patient, endure〉	[a9]
ガムラン	gamelan	[a2]
** 観客〈かんきゃく〉	audience	[a8]
* キーワード	key words	[b2]
北区〈きたく〉	Kita ward	[a7]
** 寄付(する)〈きふ〉	donation, contribution〈donate〉	[a5]
客席〈きゃくせき〉	seat	[a4]
** 行政〈ぎょうせい〉	public administration	[c8]
** 共同〈きょうどう〉	cooperation, united	[a5]
教諭〈きょうゆ〉	teacher	[b3]
くしゃくしゃ	rumpled	[a12]
暗がり〈くら〉	darkness, dark place	[a2]
** 暮らす〈く〉	生活する〈せいかつ〉	[1]
** 劇〈げき〉	play	[a5]
* 下旬〈げじゅん〉	the latter part of the month	[b3]
* 研修(する)〈けんしゅう〉	study, research, training〈study, research, train〉	[b3]
公演(する)〈こうえん〉	public performance〈present〉	[a12]
工場〈こうじょう〉	factory	[a10]
* ごく	とても	[1]
こくんと	*an adverbial expression for nodding*	[c6]
** 試み〈こころ〉	trial, test	[1]
** 異なる〈こと〉	differ	[1]
埼玉県〈さいたまけん〉	Saitama prefecture	[c6]
** 在日〈ざいにち〉	日本にいる〈にほん〉	[1]
最年長〈さいねんちょう〉	the oldest, 一番年上〈いちばんとしうえ〉	[a10]
* 探る〈さぐ〉	look for, search	[c8]
** さまざま(な)	various, いろいろな	[1]
** 参加(する)〈さんか〉	attendance, joint〈attend, join〉	[a8]
シエラレオネ	Sierra Leone	[c2]
* 支援(する)〈しえん〉	assistance, support〈assist, support〉	[c3]
指揮(する)〈しき〉	supervision, direction〈supervise, order〉	[a6]
** 資金〈しきん〉	fund	[a5]
軸〈じく〉	axis	[c5]
* 施設〈しせつ〉	institution, facilities	[b3]
自治体〈じ・ち・たい〉	self-governing body, local autonomy	[1]

渋谷区 しぶやく	Shibuya ward	[b2]
*視野 しや	one's view	[c4]
**習慣 しゅうかん	habits	[1]
宿舎 しゅくしゃ	lodging, residence	[a5]
**出身国 しゅっしんこく	home country	[a9]
*主役 しゅやく	leading actor / actress	[a8]
**順番 じゅんばん	order, turn	[a12]
**状況 じょうきょう	state, situation	[1]
職員 しょくいん	staff	[a6]
**進学(する) しんがく	proceeding to a higher school〈proceed to a higher shool〉	[c3]
審議会 しんぎかい	council	[b4]
**人種 じんしゅ	human race	[b3]
数学 すうがく	mathematics	[c6]
スタッフ	staff	[a8]
*製作(する) せいさく	work, manufacture 〈make, manufacture〉	[a5]
**世代 せだい	generation	[1]
設置(する) せっち	establishment 〈establish〉	[b4]
総合的(な) そうごうてき	synthetic, all-round	[b4]
**存在(する) そんざい	existence〈exist〉	[1]
立ち見 たちみ	see in the gallery room	[a12]
**団体 だんたい	group	[1]
**地域 ちいき	area	[1]
*ついていく	follow	[c3]
つぶやく	mutter	[c7]
*出あい であい	encounter	[a8]
*出入り(する) でいり	going in and out〈go in and out〉	[a5]
*手がかり てがかり	clue	[1]
寺子屋 てらこや	private elementary school (in the Edo period)	[c4]
*登録(する) とうろく	registration〈register〉	[1]

*溶け込む とけこむ	melt into, conform to	[c3]
**突然 とつぜん	suddenly	[a10]
怒鳴る どなる	shout, roar	[a9]
取り組み とりくみ	match, program	[b2]
*仲間 なかま	friend, colleague	[a10]
なぞる	trace	[c6]
名を連ねる なをつら	join, allow one's name to be added (to the list)	[c8]
*握る にぎる	take hold of	[a12]
*日系 にっけい	Japanese descent	[a10]
*になう	bear, take upon	[b3]
*乗り越える のりこえる	overcome	[b3]
派遣(する) はけん	dispatch, detachment 〈send, dispatch〉	[c6]
*働きかける はたら	act on	[1]
ばらばら	scattered, loose	[a9]
PTA	Parent-Teacher Association	[a7]
**不安(な) ふあん	心配 しんぱい	[c7]
*舞台 ぶたい	stage	[a5]
*部品 ぶひん	parts	[a10]
ペルー	Peru	[a10]
*偏見 へんけん	prejudice, bias	[b4]
母国語 ぼこくご	mother tongue	[a9]
補習(する) ほしゅう	supplementary lesson 〈give / receive a supplementary lesson〉	[c1]
発足(する) ほっそく	starting〈start〉	[c3]
ボランティア	volunteer	[c3]
まかなう	cover, pay	[a5]
*招き まねき	invitation	[a7]
ままならない	cannot have one's way	[c3]
**周り まわり	surroundings	[a10]
密林 みつりん	jungle	[a1]

＊民間 _{みんかん}	private, non-governmental	[1]
民話 _{みんわ}	folk tale	[a5]
＊〜をもとに	based on 〜	[a5]
＊＊物語 _{ものがたり}	story	[a2]
もれる	escape, leak out	[a4]
＊役 _{やく}	role, part	[a2]
有志 _{ゆうし}	those interested in	[c1]

＊ユニーク（な）	unique	[b2]
＊用語 _{ようご}	term	[c4]
流ちょう（な） _{りゅう}	fluent	[a4]
連携（する） _{れんけい}	cooperation〈cooperate with〉	[c8]
＊＊連絡（する） _{れんらく}	contact, information〈contact with, inform〉	[c8]

資料—5　次世代へ託す　異文化との共生 文型

【1】 V-て くれたら（いい） '(I) wish someone will do something; (I) wish something favorable to me will happen; V-て ほしいと思う' [a11]

［例］

a. 大人になって外国人といいコミュニケーションをしてくれたら。
_{おとな}

b. 将来、みなさんがみなさんの国と日本の文化のかけ橋になってくれたらと思います。
_{しょうらい} _{ぶんか} _{はし}

c. この世界から争いがなくなってくれたらいいのですが。
_{あらそ}

［練習］

d. ＿＿＿＿＿＿＿＿＿＿＿＿＿＿＿＿＿＿てくれたら、私は幸せです。
_{しあわ}

e. この現代社会で＿＿＿＿＿＿＿＿＿＿＿＿＿くれたらと思います。
_{げんだいしゃかい}

f. ＿＿＿＿＿＿＿＿＿＿＿＿＿＿＿＿＿＿＿＿。

●知っていると便利な表現●●●……………………………………………………

V（stem）がたい 'hard to do; impossible to do'

A : 政治家が税金を自分のために使ったなんて、許しがたいことだ。
_{せいじか} _{ぜいきん} _{ゆる}

B : ほんとうですね。

〜をもとに 'based on 〜'

A : 自分の経験をもとに小説を書く作家ってだれかなあ。
_{けいけん} _{しょうせつ} _{さっか}

B : たとえば大江健三郎とか…。
_{おおえけんざぶろう}

144

キーワード

経済大国	けいざいたいこく	country with great economic power
GDP		Gross Domestic Product
物価	ぶっか	commodity prices, the cost of living
ゆとり		reserve, affluence
豊かさ	ゆたかさ	affluence, richness
余暇	よか	leisure（hours）, free time, spare time
中流意識	ちゅうりゅういしき	自分は中流（middle class）だと思うこと
平等意識	びょうどういしき	a sense of equality
画一化（する）	かくいつか	standardization, regimentation 〈standardize〉

●資料―1「「豊かさ」って何だろう」予習シート●

●読む前に考えましょう

[1]「豊か」の意味は何ですか。

[2]「豊かな生活」についてイメージがありますか。それはどのようなイメージですか。

[3] 日本の社会はどのような点が豊かですか。またはどのような点が豊かではありませんか。

●読みながら考えましょう

[1]「企業戦士」とはどのような人ですか。

[2] 日本の社会の豊かさについて本能的に理解しているのは男たちですか。女たちですか。なぜそう言えますか。

[3] 表を使って情報をまとめてみましょう。

	本文の例	本文の例をまとめて他のことばで言うと…	あなたの考え
女たちにとっての「豊かさ」			
女たちにとっての「豊かな暮らし」			
女たちが「欲しいもの、必要なこと」			
女たちにとっての「日本の豊かさの象徴」			
女たちにとっての「日本の貧しさの象徴」			

資料—1 「豊かさ」って何だろう 語彙

**相手にする あいて	play a partner to, deal with	[1]
足をのばす あし	すこし遠くへ行く とお　い	[5]
汗を流す あせ　なが	sweat	[5]
*～あたりの	per ～	[8]
**圧倒的に あっとうてき	overwhelmingly	[6]
**安心(する) あんしん	peace of mind, freedom from care〈feel relieved〉	[4]
**言いあてる い	describe, express in words	[9]
**いき届く とど	be complete, be perfect	[4]
うさぎ小屋 ごや	rabbit shack	[3]
**億 おく	billion	[7]
**解消(する) かいしょう	dissolution (of one' stress)〈dissolve〉	[8]
**解放(する) かいほう	set free, release	[5]
**～限り かぎ	as long as ～	[8]
画一化(する) かくいつか	standardization, regimentation〈standadize〉	[8]
過剰包装 かじょうほうそう	over-wrapping	[7]
カラオケバー	bar of snack equipped with KARAOKE	[8]
看板 かんばん	signboard	[8]
**企業 きぎょう	enterprise, company	[1]
**規則だらけ きそく	bound by regulations	[5]
**急増(する) きゅうぞう	sudden increase〈increase rapidly〉	[8]
きりつめる	cut down	[8]
金融 きんゆう	finance	[8]
**空気 くうき	air	[4]
**具体的(な) ぐたいてき	concrete	[3]
**経済 けいざい	economy	[1]
**劇場 げきじょう	theatre	[8]

*化粧 けしょう	cosmetics	[7]
**公害 こうがい	pollution	[5]
郊外 こうがい	suburbs, the outskirts (of)	[5]
高額 こうがく	high price	[8]
高金利 こうきんり	high interest rate	[8]
*購入(する) こうにゅう	purchase〈buy, purchase〉	[7]
告別式 こくべつしき	funeral	[7]
**個性 こせい	personality, individual character	[8]
ささやか(な)	modest, small,	[8]
*次期 じき	the next term	[7]
視座 しざ	view point	[3]
**自然 しぜん	nature	[4]
*実感(する) じっかん	actual feeling〈realize fully〉	[1]
*弱者 じゃくしゃ	the weak	[8]
**収入 しゅうにゅう	income	[6]
*授業料 じゅぎょうりょう	tuition	[6]
塾 じゅく	cram school	[5]
*受験戦争 じゅけんせんそう	entrance exam war	[4]
取得(する) しゅとく	obtaining〈obtain, get〉	[7]
主力 しゅりょく	main power, main force	[7]
*象徴 しょうちょう	symbol	[7]
**商品 しょうひん	merchandise	[7]
食肉 しょくにく	meat	[8]
食品添加物 しょくひんてんかぶつ	food additives	[5]
私立 しりつ	private institution	[6]
**進学(する) しんがく	going to a school of the next higher level〈go to a school of the next higer level〉	[7]
*数字 すうじ	number	[3]

素振り すぶ	swing (a golf club, bat, racket) without a ball	[8]
＊鋭く するど	keen, sharp	[1]
税金 ぜいきん	tax	[8]
政財界 せいざいかい	the economic and political world	[1]
成人式 せいじんしき	coming-of-age ceremony	[7]
＊制度 せいど	system	[6]
戦士 せんし	warrior, soldier	[1]
戦闘機 せんとうき	fighting plane	[7]
総じて そう	generally	[1]
～そこそこで	no more than ～	[7]
粗大ゴミ そだい	over-size trash (such as cabinet, desks, etc.)	[7]
～に備える そな	be ready for ～	[8]
＊対処(する) たいしょ	dealing with〈deal with, cope with〉	[8]
＊台所 だいどころ	kitchen	[3]
＊ただの	mere, only	[8]
＊＊～単位の たんい	by the unit of ～	[7]
単身赴任(する) たんしんふにん	moving to a new work place alone〈move to a new work place alone〉	[8]
＊＊直接 ちょくせつ	direct	[8]
～づけの	be soaked in ～	[8]
つめこみ教育 きょういく	cramming that emphasizes memorization	[8]
つめこむ	stuff, cram	[8]
＊統計 とうけい	statistics	[3]
＊＊読者 どくしゃ	readers	[2]
特集を組む とくしゅう く	plan features, plan a special program	[2]
捉える とら	grasp, catch	[3]
取り込む と こ	take ～ into, be busy with	[1]
取り除く と のぞ	get rid of, exclude	[6]

なおざりにする	neglect	[8]
肉声 にくせい	real voice	[3]
入所(する) にゅうしょ	entrance〈enter (into)〉	[8]
熱意 ねつい	enthusiasm	[7]
年金生活 ねんきんせいかつ	living on one's pension	[4]
＊年収 ねんしゅう	yearly income	[8]
＊農薬 のうやく	agricultural chemicals	[5]
のびのびと	stretch oneself at ease, free from all care	[4]
＊破産(する) はさん	bankruptcy〈go bankrupt〉	[8]
華やか(な) はな	gorgeous	[7]
ひとたび	once	[8]
＊＊不安(な) ふあん	心配 しんぱい	[5]
＊福祉 ふくし	welfare	[4]
負担(する) ふたん	burden, load, responsibility〈bear, share〉	[8]
不動産 ふどうさん	real estate	[7]
振り袖 ふ そで	kimono with long sleeves	[7]
＊＊平均的(な) へいきんてき	average	[5]
＊＊平和(な) へいわ	peace	[5]
保育所 ほいくしょ	nursery school, a day care center	[4]
補助(する) ほじょ	aid〈aid〉	[6]
＊＊本質 ほんしつ	essence, true nature	[9]
本能的(な) ほんのうてき	instinctively	[1]
幻 まぼろし	vision, a phantom	[8]
まるごと	whole	[1]
＊万一 まんいち	emergency	[8]
＊＊満員電車 まんいんでんしゃ	a train full of passengers	[3]
～に見合う みあ	commensurate with ～	[6]
＊見事に みごと	excellently	[9]
＊民間 みんかん	private, civilian	[8]
＊＊求める もと	seek, want, need	[1]
～にもまれる	be jostled in ～	[8]

148

＊役所	government office	[3]		＊＊良質(な)	good quality	[5]
有給休暇	paid holiday	[6]		＊老後	one's old age	[4]
養護(する) 守る		[8]				

資料—1　「豊かさ」って何だろう **文型**

【1】 V-る だけ V 'do something as much as possible; できるだけ V' [8]

［例］

a. 病人をつめこむだけつめこんだ老人病院。

b. 自分一人でやれるだけやってみて、できなかったら、だれかに手伝ってもらおう。

c. あの人は、自分の言いたいことを言うだけ言って他の人の意見を聞かずに帰った。

［練習］

d. どんな問題でも、まず自分で考えられるだけ考えてみて、どうしてもわからなかったら

＿＿＿＿＿＿＿＿＿＿＿＿＿＿＿＿＿＿＿＿＿＿＿＿＿＿＿＿。

e. 先のことはあまり心配しないで、＿＿＿＿＿＿＿＿だけ＿＿＿＿＿＿＿＿つもりだ。

f. ＿＿＿＿＿＿＿＿＿＿＿＿＿＿＿＿＿＿＿＿＿＿＿＿＿＿＿。

【2】 S(plain) 限り〜 'as long as / while S, 〜; unless S, 〜; S 以上〜; [8]
S 状態が続いている 間 は〜'

> **ひとくちメモ**
>
> 「限り」は話す人／書く人が判断の条件にする状態を表します。「S(plain aff) 限り」は「ある状態が続いている間」という意味です。否定的な条件のときは「〜ない限り」を使い、「否定的な状態が続いている間」という意味です。どちらも、後に続く意見や判断を限定します。
>
> 限り expresses a condition under which some proposition holds true and indicates the necessary condition for the speaker/writer's judgement about something or some state. S(plain aff) 限り and S(plain neg) 限り are used for the meanings 'as long as some condition is met' and 'unless some condition is not met', respectively.

［例］

a. 高額なお金を出さない限り入れない老人ホーム。

b. 学歴社会が変わらない限り、受験戦争は続くだろう。

c. 自分と異なる集団への偏見を持つ限り、差別はなくならない。

[練習]

d. 学生でいる限り、＿＿＿＿＿＿＿＿＿＿＿＿＿＿＿＿＿＿＿＿＿＿＿＿＿＿＿。

e. ＿＿＿＿＿＿＿＿＿＿＿＿＿＿＿＿＿＿＿＿＿＿＿限り、戦争はなくならないだろう。

f. ＿＿＿＿＿＿＿＿＿＿＿＿＿＿＿＿＿＿＿＿＿＿＿＿＿＿＿＿＿＿＿＿＿＿。

【3】（ひとたび）V-る や（いなや）〜　'no sooner than 〜; V-る とすぐに〜' [8]

[例]

a. いまの日本の豊かさは、ひとたび社会的弱者になるや、ただの幻になってしまう。

b. 最近の若者は、仕事が残っていても、5時になるや、会社を飛び出して行く人が多い。

c. ひとたび新しいパソコンが売り出されるや、去年の型はまだ使っていない新しいのでも、

50%くらい安くなってしまう。

[練習]

d. あの人は地震のニュースを聞くやいなや、＿＿＿＿＿＿＿＿＿＿＿＿＿＿＿＿＿＿＿。

e. ＿＿＿＿＿＿＿＿＿＿＿＿＿＿＿＿＿＿＿やいなや、学生は教室を出ていった。

f. ＿＿＿＿＿＿＿＿＿＿＿＿＿＿＿＿＿＿＿＿＿＿＿＿＿＿＿＿＿＿＿＿＿＿。

【4】 V-る ほかない　'there is no other alternative but do something; [8]
　　　　　V-る しかない; V-る 以外に方法がない'
　　　　　⇒ テーマ1資料2文型5

[例]

a. 弱者として生活するにも、ほとんど自分で対処するほかない。

b. 日本では、ゴルフ場はとても高いので、家のそばの道で素振りするほかない。

c. 子どもの受験と進学にお金がかかるので、旅行などはあきらめるほかない。

[練習]

d. ＿＿＿＿＿＿＿＿＿＿＿＿＿＿＿＿＿＿＿＿＿たら、自分でやせるほかない。

e. 満員の通勤電車に乗りたくなかったら、＿＿＿＿＿＿＿＿＿＿＿＿＿ほかない。

f. ＿＿＿＿＿＿＿＿＿＿＿＿＿＿＿＿＿＿＿＿＿＿＿＿＿＿＿＿＿＿＿＿＿＿。

150

●資料—2「「貧乏ヒマあり」への道」予習シート●

●読む前に考えましょう

[1] あなたの国で「豊かな生活」とはどのような生活ですか。

[2] あなたは何で「豊か」かどうかを判断しますか。

●読みながら考えましょう

[1] 次のことばを自分のことばで言いかえてみましょう。

　　1）金持ヒマあり

　　2）金持ヒマなし

　　3）貧乏ヒマあり

　　4）貧乏ヒマなし

[2] 筆者によると、多くの日本人がなる可能性があるのは 1）〜4）のどれですか。

[3] 多くの日本人が選んだのは、1）〜4）のどれですか。

[4] 「豊かさをしみじみと味わいたいと思う人」は 1）〜4）のどれを選ぶべきですか。それは
　　どうしてですか。

[5] 「退屈の仕方を忘れてしまう」とはどういうことですか。

[6] 「ボケーッと海を見ている老人を見かけた」とありますが、どうしてこの人について話を
　　したのでしょうか。

[7] 筆者は「貧乏ヒマあり」への生活を実践できていますか。

資料—2　「貧乏ヒマあり」への道　語彙

*相変わらず	as usual	[9]
**味わう	enjoy	[7]
**言うまでもなく	needless to say	[2]
*一瞬	a moment	[8]
**要る	need	[6]
*おそれる	fear	[8]
*かえって	反対に	[3]
**額	sum	[5]
感動(する)	inspiration, emotion 〈be moved, be touched〉	[9]
*規準	standard	[6]
**逆に	反対に	[3]
*極端(な)	extreme	[4]
*金銭的(な)	お金	[6]
*組み合わせる	combine, join	[1]
暮し向き	生活	[1]
げんに	actually	[3]
*こたえる	reply	[8]
コマ切れ	scrap	[8]
*猿	monkey	[9]
*刺激(する)	impulse, incentive 〈give an impulse〉	[8]
**自信	confidence	[2]
*実感(する)	feeling of reality 〈actually feel, experience personally〉	[6]
*自慢(する)	pride, boast 〈pride, boast〉	[2]

*しみじみ	keenly, deeply	[7]
～尺	はかるもの, measure	[1]
*重点	important point	[4]
*証拠	evidence, proof	[5]
崇高(な)	noble	[9]
筋合い	reason	[6]
*せっせと	diligently	[8]
底上げ(する)	raising the standard 〈raise the standard〉	[3]
*退屈(な)	boring	[8]
*中流	middle class	[5]
貯蓄(する)	saving 〈save〉	[5]
貫く	pierce, go through	[3]
嘆く	grieve	[8]
*計る	measure	[1]
*貧乏	poverty	[1]
**平均	average	[5]
むやみに	rashly	[8]
*モノサシ	ものさし, ruler	[1]
*文句	complaint	[6]
*有意義(な)	significant	[11]
*優先(する)	priority 〈take priority (over)〉	[6]
**用事	something to do	[9]
*要望(する)	needs, demand 〈demand〉	[8]

資料—2　「貧乏ヒマあり」への道　文型

【1】 とても S（plain）とは思えない　'not possibly think S; cannot possibly assume S; どう考えても S ようではない'　[5]

［例］

a. 国民の平均貯蓄額というのを見たって、とても貧乏とは思えない。

b. 最近は、とても小学生（だ）とは思えないくらい大きい子がいる。

c. あの外国人の日本語は上手で、とても１年日本語を習っただけ（だ）とは思えない。

［練習］

d. ＿＿＿＿＿＿＿＿＿＿＿＿＿＿＿＿は、とても１日でできるものとは思えません。

e. こんなにおいしいものは、とても＿＿＿＿＿＿＿＿＿＿＿＿＿とは思えません。

f. ＿＿＿＿＿＿＿＿＿＿＿＿＿＿＿＿＿＿＿＿＿＿＿＿。

【2】 V-た としても　'if it were the case that 〜; suppose it were true that 〜; もし〜であっても'　[6]

［例］

a. 金銭的な豊かさを手に入れたとしても、豊かさを実感するには、そのためのヒマが要る。

b. 今の成績では、大学に入れたとしても、授業についていけないかもしれない。

c. 今の給料では、子どもが生まれたとしても、十分な教育を受けさせることはできまい。

［練習］

d. おとなになってから外国語を勉強したとしても、＿＿＿＿＿＿＿＿＿＿＿＿＿。

e. ＿＿＿＿＿＿＿＿＿＿＿＿＿としても、有名になる可能性はだれにでもある。

f. ＿＿＿＿＿＿＿＿＿＿＿＿＿＿＿＿＿＿＿＿＿＿＿＿。

●知っていると便利な表現●●●・・・・・・・・・・・・・・・・・・・・・・・・・・・・・・・・・・・・・

言うまでもない　'needless to say'

A：仕事を休むときは、連絡したほうがいいでしょうか。

B：そんなことは、言うまでもなく、だれでもすることでしょう。

うれしい（悲しい，驚いた，がっかりした，etc.）ことに　'to one's joy（sorrow, surprise dissappointment, etc.）'

A：時間があるんだから、旅行にでもいったらいいのに。

B：でも悲しいことに、お金がなくてね。

●資料─3 「日本人の暮らし方」予習シート●

●読む前に考えましょう

[1] あなたの国では、あなたのおじいさんやおばあさんが若かったころと今とで、「暮らし方」はどのように変わりましたか。

[2] 「日本人の暮らし方」はどう変わっただろうと思いますか。

●読みながら考えましょう

[1] 1を見てください。この表は何を表していますか。どのようなことが分かりますか。

[2] 2を見てください。

　1) 昭和28年(1953年)ごろの戦後の日本人の暮らし方で一番多かったのは何ですか。その暮らし方は平成5年(1993年)にも多いですか。

　2) 平成5年に多いのはどのような暮らし方ですか。いつ頃から多くなりましたか。

　3) 平成5年に2番目に多いのはどのような暮らし方ですか。いつ頃から多くなりましたか。

　4) 40年間あまり変わらないのはどのような暮らし方ですか。

[3] 3を見ると、どのようなことで日本人がゆとりがないと思っているかが分かります。

　1) 9年間でどのように変わりましたか。

　　「経済的ゆとり」→　　　　　　　　「時間的ゆとり」→

　　「空間的ゆとり」→　　　　　　　　「精神的ゆとり」→

　2) 全体的にどのようなことが言えますか。理由を示しながら自分のことばで表現してください。

資料―3 日本人の暮らし方 語彙

**育児 (いくじ)	子どもを育てること	[図3]
癒す (いや)	heal	[図1]
*医療 (いりょう)	medical treatment	[図1]
**学習(する) (がくしゅう)	learn	[図3]
**家事 (かじ)	household chores	[図3]
活動(する) (かつどう)	activity〈act〉	[図1]
*環境 (かんきょう)	environment	[図1]
休暇 (きゅうか)	休み (やす)	[図1]
清い (きよ)	clear, clean, pure	[図2]
近隣 (きんりん)	neighborhood	[図3]
*空間的(な) (くうかんてき)	spatial	[図3]
くよくよする	いろいろ心配する (しんぱい)	[図2]
暮らし方 (く かた)	the way of living	[図2]
**経済的(な) (けいざいてき)	economic	[図3]
**交際(する) (こうさい)	association, company〈associate with, keep company with〉	[図3]
拘束(する) (こうそく)	restriction, restraint〈restrict, restrain〉	[図3]
ささげる	give, offer, devote, sacrifice	[図2]
**資金 (しきん)	funds, capital	[図3]
*施設 (しせつ)	facility, institution	[図1]
児童 (じどう)	小学生 (しょうがくせい)	[図1]
指標 (しひょう)	index	[図1]
**住居 (じゅうきょ)	家 (いえ)	[図3]
**趣味 (しゅみ)	hobby	[図2]
生涯 (しょうがい)	一生 (いっしょう)	[図1]
消費(する) (しょうひ)	consumption〈consume〉	[図1]
**職場 (しょくば)	work place	[図3]
順位 (じゅんい)	order, ranking, standing	[図3]
*すべて	ぜんぶ	[図2]
**精神的(な) (せいしんてき)	psychological, spiritual, mental	[図3]
備え (そな)	preparation	[図3]
**地域 (ちいき)	region, area	[図1]
賃金 (ちんぎん)	wages, pay	[図1]
費やす (つい)	consume	[図1]
**通勤(する) (つうきん)	commuting〈commute〉	[図3]
*つきあい	association, fellowship, connection, relationship	[図3]
**内容 (ないよう)	content	[図3]
名をあげる (な)	成功して有名になる (せいこう ゆうめい)	[図2]
のんき(な)	easy, happy-go-lucky, easygoing	[図2]
**～費 (ひ)	～ expense	[図3]
**不安 (ふあん)	anxiety	[図3]
不時 (ふじ)	unexpectedness, emergency	[図3]
**不足(する) (ふそく)	足りないこと (た)	[図3]
*負担(する) (ふたん)	burden, load, responsibility〈bear, share〉	[図3]
保健 (ほけん)	sanitation	[図1]
交わる (まじ)	associate	[図1]
密接(な) (みっせつ)	close, intimate, near	[図3]
*無回答 (むかいとう)	答えがないこと (こた)	[図3]
要因 (よういん)	factor	[図3]
余暇 (よか)	leisure, leisure time, spare time	[図1]
老後 (ろうご)	one's old age	[図3]
**老人 (ろうじん)	the aged people	[図3]
労働(する) (ろうどう)	働く (はたら)	[図1]
ローン	loan	[図3]

●資料─4「余暇の意味変化促す」予習シート●

●読む前に考えましょう

[1] 休みの日はどのように過ごすのが好きですか。

[2] 次のアンケートに答えてください。あなたはどうですか。

1) 先々の予定が決まらないとイライラする。

2) 目的なくじっとしているのは苦手だ。

3) 休日や余暇はできるだけ事前に計画を立てるようにする。

4) 自分の予定があっても仲間とのつきあいを優先する。

5) 他人が働いているとき、ひとりで遊ぶのは気がひける。

6) 自由時間は楽しみもよいが、何か会社の役に立ちたい。

●グラフを見て考えましょう

[1] 何についてのグラフですか。

[2] 質問にはだれが答えましたか。

[3] グラフからどのようなことが分かりますか。

●読みながら考えましょう

[1] 現代の日本人はどのように時間を使いたいと思っていますか。文の中から表現を見つけてください。

[2]「時間節約ニーズ」について
　　1）現代人はどうして時間を節約したいのですか。

　　2）現代人の要望(ニーズ)にこたえるビジネスにどのようなものがありますか。

[3]「時間充足ニーズ」について
　　1）左脳はどのようなときに使いますか。右脳はどのようなときに使いますか。

　　2）現代人はふだんの生活では左脳と右脳のどちらをよく使いますか。

　　3）なぜ現代人に右脳空間へのニーズが高まっていますか。

[4] これからの余暇の過ごし方について
　　1）今までの余暇の過ごし方はどのようなものでしたか。

　　2）これからはどうなりますか。どのような活動をしますか。

　　3）これからビジネスを考える場合、どのような考えが必要ですか。

資料—4　余暇の意味変化促す **語彙**

*あらゆる	すべての	[3]
遺産（いさん）	inheritance, bequest	[8]
癒し（いや）	healing	[8]
イライラする	be irritated	[図]
右脳（うのう）	右の脳 (brain)	[4]
街道（かいどう）	highway	[7]
画一的（な）（かくいつてき）	standardized	[6]
*確保（する）（かくほ）	guarantee, maintenance 〈guarantee, ensure, maintain, insure, secure〉	[2]
河川（かせん）	rivers	[7]
仮想（かそう）	imagination, supposition, potential (enemy)	[3]
*加速（する）（かそく）	acceleration 〈accelerate〉	[5]
価値（かち）	value	[2]
活用（する）（かつよう）	practical use 〈use pratically〉	[7]
**環境（かんきょう）	environment, circumstance	[4]
気がひける（き）	feel ashamed, be ill at ease	[図]
既存（きそん）	existing	[7]
**機能（きのう）	function, faculty	[3]
業務（ぎょうむ）	business, affairs, duties, work	[2]
**空間（くうかん）	space, room, airspace	[1]
*崩れる（くず）	crumble, collapse	[6]
**傾向（けいこう）	tendency	[2]
**劇場（げきじょう）	theatre, playhouse	[2]
決済（する）（けっさい）	settlement, liquidation 〈settle (accounts)〉	[3]
鉱石（こうせき）	ore, mineral, crystal	[8]
*購入（する）（こうにゅう）	purchase 〈buy, purchase〉	[2]
*高齢（こうれい）	aged, old	[5]
五感（ごかん）	the five senses	[4]
顧客（こきゃく）	customer, patron, client	[2]
こなす	manage	[2]
*固有（こゆう）	characteristic, peculiar, inherent	[8]
採取（する）（さいしゅ）	取る	[8]
左脳（さのう）	左の脳 (brain)	[4]
支援（する）（しえん）	support 〈support〉	[8]
*刺激（する）（しげき）	stimulus, impetus 〈stimulate〉	[4]
志向（する）（しこう）	intention, aim 〈intend〉	[2]
自体（じたい）	itself	[8]
*重視（する）（じゅうし）	大切に考える	[7]
充足（する）（じゅうそく）	sufficiency 〈fulfill〉	[1]
*従来（じゅうらい）	up to now, so far, traditional	[7]
**消費（する）（しょうひ）	consumption, expenditure 〈consume〉	[7]
成熟（する）（せいじゅく）	maturity, ripeness 〈mature, ripen〉	[5]
清掃（する）（せいそう）	そうじ	[7]
*節約（する）（せつやく）	economy, saving 〈economize〉	[1]
添う（そ）	go along (with)	[8]
対極（たいきょく）	反対の	[1]
代理店（だいりてん）	agency	[2]
宅配便（たくはいびん）	express home delivery company	[2]
*多忙（な）（たぼう）	busy, pressure of work	[1]
**多様（な）（たよう）	いろいろな	[6]
短縮（する）（たんしゅく）	shortening, abbreviation, reduction 〈shorten〉	[2]
超〜（ちょう）	とても〜	[1]
つながる	link	[3]

158

**強まる (つよ)	get strong, gain strength	[4]
入金(する) (にゅうきん)	deposit, payment, money received, money due 〈deposit〉	[2]
*入手(する) (にゅうしゅ)	receipt, procurement 〈procure〉	[3]
*俳句 (はいく)	haiku poetry (*17-syllable poem usually in 3 lines of 5, 7 and 5 syllables*)	[8]
発送(する) (はっそう)	sending, forwarding, shipping 〈send, step〉	[2]
**反映(する) (はんえい)	reflection 〈reflect〉	[1]
ひたすら	nothing but, earnestly	[4]
*必然的(な) (ひつぜんてき)	necessarily, inevitable	[4]
普請(する) (ふしん)	直す (なお)	[7]
武装(する) (ぶそう)	arms, armament, armed 〈arm〉	[3]
遍路 (へんろ)	pilgrim	[8]
奉仕(する) (ほうし)	attendance, service 〈attend〉	[7]
補修(する) (ほしゅう)	直す (なお)	[7]
本格的(な) (ほんかくてき)	real, genuine	[6]
見受ける (みう)	see, look, appear	[2]
*無駄(な) (むだ)	futility, uselessness	[2]
巡る (めぐ)	まわる	[8]
安らぎ (やす)	peace of mind	[4]
優先(する) (ゆうせん)	priority 〈take priority〉	[図]
*余暇 (よか)	leisure, leisure time, spare time	[6]
横並び (よこなら)	みんなと同じ	[7]
預託(する) (よたく)	あずける	[2]
欲求 (よっきゅう)	desire	[2]

資料―4　余暇の意味変化促す　**文型**

【1】　V-よう　'(I) suppose that ～; it will probably be the case that ～; [5]
　　　～だろうと思われる'

> ### ひとくちメモ
>
> 文末の「V-よう」は、話す人／書く人が自分の意志でコントロールできないような環境の変化や時代の変化がおこるだろうと予測するときに使うかたい表現です。Vには、「加速される、多様化する、強まる、増える」などの変化を表すことばが使われることが多いです。会話ではふつう「～だろうと思います」を使います。Vが自分の意志でコントロールできることの場合には、「～つもりだ」の意味になり、話す人／書く人の意志を表します。
>
> Statements ending in V-よう are rather formal statements indicating the speaker/writer's belief or conjecture that something should happen or be the case. Verbs used in V-よう are usually those expressing a change of state which is not controllable by the speaker/writer's will such as 加速される、多様化する、強まる、増える etc. In conversation, ～だろうと思います is used instead. When the verb refers to someone's controllable action, V-よう takes on the meaning of the speaker/writer's own will or intention such as ～つもりだ.

［例］

a. 右脳的空間へのニーズは、社会の成熟化・高齢化社会化によって、さらに**加速されよう**。

b. 個々人から見た意味づけや価値へのベクトルがさらに**多様化していこう**。

c. 自分が最も満足できる時間こそが自由時間であり余暇であるという感覚が**強まっていこう**。

［練習］

d. 景気がよくなれば、生活レベルも＿＿＿＿＿＿＿＿＿＿＿＿＿＿＿＿＿＿＿＿＿＿＿。

e. 21世紀には、＿＿＿＿＿＿＿＿＿＿＿＿＿＿＿＿＿＿＿＿＿＿が増えてこよう。

f. ＿＿＿＿＿＿＿＿＿＿＿＿＿＿＿＿＿＿＿＿＿＿＿＿＿＿＿＿＿＿＿＿＿＿。

【2】　N1 にしろ N2 にしろ　'be that N1 or N2, ～;　N1 でも N2 でも、～' [7]

［例］

a. 従来、レジャーといえば、旅行**にしろ**ゴルフ**にしろ**、ほとんどが既存の余暇サービスという商品を購入、消費することを意味していた。

b. 日本の教育問題は、不登校にしろ受験戦争にしろ、社会の仕組みが変わらない限り、なくならないだろう。

c. 最近は、新聞にしろテレビニュースにしろ、カタカナことばの使用が増えている。

[練習]

d. 日本の生活は、＿＿＿＿＿にしろ＿＿＿＿＿にしろ、私の国の習慣とはずいぶん違う。

e. 政治の問題にしろ経済の問題にしろ、＿＿＿＿＿＿＿＿＿＿＿＿＿＿＿＿＿＿＿＿＿。

f. ＿＿＿＿＿＿＿＿＿＿＿＿＿＿＿＿＿＿＿＿＿＿＿＿＿＿＿＿＿＿＿＿＿＿＿＿＿。

語彙
索引

1. 「語彙」にあることばが「あいうえお」順に並んでいます。

2. ことばの前の ** と * は、それぞれ次のことを示します。

> ** 話す・書くのに必要なことば
>
> * 聞く・読むのに便利なことば

3. 数字は、テーマ番号(資料番号)です。そのことばがどこにあるか分かります。

> 例： 1 (1) ＝ テーマ 1 の資料 1 のことば
>
> 1 (key) ＝ テーマ 1 のキーワード

162

【あ】

あいかわらず	*相変わらず	4(2), 6(2)
あいことば	合言葉	2(6)
あいつぐ	相次ぐ	3(6)
あいて	**相手	3(6), 5(3)
あいて	**相手にする	6(1)
あいべや	**相部屋	3(6)
あえて	あえて	2(6)
あおたがい	青田買い	2(6)
あきらか	**明か(な)	3(1)
あくせく	あくせく(する)	3(6)
あげる	**～あげる	3(1)
あさい	*浅い	3(4)
あざやか	**鮮やか(な)	5(5)
あしき	あしきN	2(6)
あじわう	**味わう	6(2)
あしをのばす	足をのばす	6(1)
あしをはこぶ	**足を運ぶ	4(2)
あせり	あせり	1(2), 3(6)
あせる	*あせる	4(2)
あせをながす	汗を流す	6(1)
あたえる	**与える	2(6)
あたりの	*～あたりの	6(1)
あたりまえ	*当たり前	1(4), 2(2), 5(5)
あつかい	**～扱い	5(2)
あつかい	**扱い	2(6), 3(3)
あつくるしい	**暑苦しい	3(3)
あっさり	あっさり(する)	3(4)
あっとうてき	**圧倒的(な)	1(2), 6(1)
あっとうてきに	圧倒的に	6(1)
あてにする	あてにする	5(5)
あとかたづけ	*後片づけ(する)	1(3)
あふがにすたん	アフガニスタン	5(5)
あふれる	*あふれる	2(4)
あまえ	**甘え	2(2)
あまんじる	**甘んじる	4(6)
あみ	網	3(3)
あやまる	**謝る	2(3)
あらそい	**争い	3(1)
あらたな	**新た(な)	3(1)
あらためて	**改めて	3(2)
あらゆる	*あらゆる	2(5), 6(4)
あらわれる	**現れる	3(1)
ありかた	*あり方	1(4), 2(6)
ありふれた	ありふれた	3(3)
あるていど	**ある程度	5(5)
ある	ある～	2(3)
あわてる	*あわてる	4(2)
あわれ	*哀れ(な)	4(1)
あん	**案	2(6)

あんい	**安易(な)	4(3)
あんがい	**案外	3(2)
あんしん	**安心(する)	2(5), 6(1)
あんてい	**安定(する)	1(2)

【い】

いいあてる	**言い当てる	6(1)
いいがたい	**言いがたい	5(5)
いいぶん	言い分	2(5)
いいんちょう	委員長	2(3)
いうまでもなく	**言うまでもなく	6(2)
いえ	イエ	1(5)
いがい	**意外(な)	4(5)
いかす	*生かす	1(3)
いがみあう	いがみ合う	3(6)
いぎ	**意義	2(6)
いきがい	**生きがい	4(5)
いきかた	**生き方	1(2)
いきき	**行き来	3(6)
いきごみ	意気込み	2(5)
いきさつ	いきさつ	2(3)
いきしょうにん	*生き証人	2(6)
いきすぎる	**行き過ぎる	2(6)
いきづまり	行きづまり	2(2)
いきとどく	**行き届く	1(3), 6(1)
いきなり	*いきなり	3(1)
いきぬく	生き抜く	4(3), 4(6)
いきる	**生きる	1(5), 2(2)
いくじ	**育児	1(3), 1(5), 6(3)
いくせい	**育成(する)	2(6)
いけん	**意見	3(5)
いこう	**～以降	3(5)
いこう	意向	5(5)
いざかや	居酒屋	4(6)
いさん	遺産	6(4)
いし	**意思	3(1)
いし	**意志	2(6), 4(1), 4(6)
いじ	**維持(する)	1(3), 1(5)
いしがき	石垣	2(6)
いしき	**意識(する)	1(2), 2(1), 3(3), 3(4), 3(5), 4(5), 5(3),
いしのそつう	意思の疎通	5(2)
いじょう	**異常(な)	2(2)
いずれにせよ	いずれにせよ	2(6)
いずれも	*いずれも	4(6)
いすわる	居すわる	4(6)
いそいそと	いそいそと	4(2)

かんさん	換算(する)	2(6)
かんしゅう	**慣習	2(6)
かんしょう	勧奨(する)	4(3)
かんしん	**関心	2(1), 2(6), 3(4)
かんする	冠する	2(6)
かんせい	**完成(する)	3(6)
かんせいにおちる	陥穽に落ちる	4(2)
かんだい	寛大(な)	3(4)
かんちょう	**官庁	4(6)
かんでふくめる	かんでふくめる	3(1)
かんてん	**観点	2(1), 2(6)
かんどう	感動(する)	2(4), 6(2)
がんばる	頑張る	2(4)
かんばん	*看板	5(1), 6(1)
かんり	*管理(する)	5(1)
かんれん	**関連(する)	4(6), 5(4)
かんわそち	緩和措置	1(4)

【き】

き	**～期	1(2)
きーわーど	*キーワード	2(6), 5(5)
きかい	**機会	3(5), 5(3)
きがかり	気がかり	3(2)
きかく	規格	4(6)
きかく	*企画(する)	2(4), 3(6)
きがひける	気がひける	6(4)
きかん	**期間	5(3)
きき	**危機	2(2)
ききいる	聴き入る	3(6)
ききかん	**危機感	1(2)
きぎょう	**企業	1(2), 4(5), 6(1)
きぎょうか	起業家	4(6)
ききん	基金	5(3)
ききんぞく	貴金属	2(6)
きざし	兆し	3(3)
ぎじゅつ	**技術	2(6), 4(5)
ぎじゅつをみにつける		5(1)
	**技術を身につける	
きじゅん	**基準	2(1)
きじゅん	*規準	6(2)
きずく	築く	2(6), 5(4)
きずつく	*傷つく	2(3), 3(6)
きせい	規制(する)	1(4)
きせいかんわ	規制緩和	5(3)
ぎせい	犠牲に(する)	1(2)
きそう	競う	2(1)
きそく	**規則	3(1)
きそくだらけ	**規則だらけ	6(1)
きそん	既存	6(4)

きたい	**期待(する)	1(5)
きたく	北区	5(5)
きちょう	**貴重(な)	2(2), 5(2)
きちんと	*きちんと	2(5)
きっかけ	*きっかけ	1(2), 4(6)
きっぽう	吉報	2(6)
きねん	**記念(する)	5(2)
きのう	**機能	6(4)
ぎのう	技能	1(3)
きのどく	*気の毒(な)	4(1)
きはく	希薄(な)	3(5)
きふ	**寄付(する)	5(5), 5(3)
ぎふ	岐阜	3(1)
きぼう	**希望(する)	2(6), 2(5), 3(2a)
きほん	**基本	2(2)
きみょう	奇妙(な)	2(2)
ぎむ	**義務	2(2), 5(3)
ぎむきょういく	**義務教育	1(4), 2(key)
きめつける	決めつける	2(2)
ぎもん	**疑問	2(2)
ぎもんをていする	疑問を呈する	5(2)
ぎゃく	**逆	2(1)
ぎゃくに	**逆に	1(2), 3(5), 6(2)
きゃくせき	客席	2(4), 5(5)
きゃっかんてき	**客観的(な)	1(2)
きゅう	**急(な)	2(1)
きゅう～	**旧～	3(6)
きゅうか	休暇	6(3)
きゅうさいそち	救済措置	2(5)
きゅうしゅう	吸収(する)	5(1)
きゅうぞう	**急増(する)	5(1), 6(1)
きゅうりょう	**給料	1(1)
きよ	寄与(する)	5(3)
きよい	清い	6(3)
きょういく	**教育(する)	1(5), 2(key)
きょういくかい	**教育界	2(6)
きょういくきかん	**教育機関	2(2)
きょういくせいど	*教育制度	2(key)
きょういくのたようか		2(key)
	*教育の多様化	
きょういん	教員	2(6)
ぎょうかい	業界	4(3)
きょうし	教師	2(5), 4(4)
ぎょうじ	行事	2(1)
きょうせい	**共生(する)	2(6), 5(4), 5(key)
きょうせい	強制(する)	2(5)
ぎょうせい	**行政	5(5), 5(3)
きょうそう	**競争	3(6)

きょうだん	教壇	3(1)
きょうちょ	共著	3(3)
きょうちょう	強調(する)	3(2)
きょうつう	**共通(する)	1(4), 1(5), 3(6)
きょうどう	**共同	5(5)
きょうふかん	*恐怖感	2(2)
きょうみ	**興味	3(2)
ぎょうむ	業務	4(5), 6(4)
きょうゆ	教諭	2(6), 5(5)
きょうゆう	**共有(する)	3(3), 3(6)
きょうよう	**教養	5(1)
きょうよう	強要(する)	2(5)
きょうりょく	**協力(する)	1(3), 1(5)
きょうりょくてき	協力的(な)	1(2)
きょくたん	*極端(な)	6(2)
きょじゅう	居住(する)	5(4)
きょだつかん	虚脱感	2(2)
きよめる	清める	4(2)
きょり	**距離をとる	2(2)
きらく	*気楽(な)	3(6)
ぎり	**義理	3(5)
きりすてる	切り捨てる	1(2)
きりつ	規律	3(2)
きりつめる	きりつめる	6(1)
きれめ	切れ目	4(2)
ぎろん	**議論(する)	3(1)
きわみ	～の極み	3(3)
きわめて	きわめて	4(6)
きんじえない	～を禁じえない	3(2)
きんじょ	**近所	5(3)
きんじる	禁じる	1(4)
きんせんてき	金銭的(な)	6(2)
きんちょう	**緊張(する)	2(2)
きんとう	**均等(な)	1(4), 4(5)
きんべん	**勤勉(な)	3(4), 4(1)
きんむ	**勤務(する)	3(1), 4(5), 4(6)
きんゆう	金融	6(1)
きんりん	*近隣	2(4), 5(3), 6(3)
きんろうしゃ	勤労者	4(5)

【く】

ぐあい	*具合	2(6)
くい	杭	4(6)
くい	悔い	4(6)
くうかん	**空間	3(3), 6(4)
くうかんてき	*空間的(な)	6(3)
くうき	**空気	6(1)
ぐうぜん	**偶然(に)	1(2)

くうはく	空白	2(1)
くえき	苦役	4(1)
くぎ	区議	5(4)
くぐるぬける	くぐり抜ける	4(2)
くさのね	草の根レベル	5(4)
くさる	*腐る	4(6)
くしゃくしゃ	くしゃくしゃ	5(5)
くずれ	*崩れ	3(3)
くずれる	*崩れる	2(6), 3(5), 6(4)
くせに	*くせに	1(1)
ぐたいてき	**具体的(な)	1(2), 2(1), 2(6), 5(2), 6(1)
くだらない	*くだらない	3(1)
くちぐせ	口癖	1(2)
くちこみ	口コミ	4(3)
くっする	屈する	2(3)
ぐったりとする	ぐったりとする	4(1)
くび	首をかしげる	3(6), 4(2), 4(6)
くびをひねる	首をひねる	3(2)
くみ	*～組	3(3)
くみあわせる	*組み合わせる	6(2)
くよくよする	くよくよする	4(3), 6(3)
くらしかた	暮らしかた	6(3)
くらがり	暗がり	5(5)
くらしむき	暮し向き	6(2)
くらす	**暮らす	5(5)
くりかえす	*繰り返す	3(1), 3(2)
くるしむ	*苦しむ	3(2)
くわしい	**詳しい	5(4)
くわす	食わす	1(5)

【け】

けい	～系	2(6), 3(2)
けいえい	**経営(する)	2(6)
けいえいしゃ	**経営者	5(1)
けいえいふしん	経営不振	3(1)
けいけん	**経験(する)	1(2), 2(6), 3(3), 5(2)
けいご	*敬語	3(6)
けいこう	**傾向	3(5), 6(4)
けいこうにある	**～する傾向にある	5(1)
けいこうぺん	蛍光ペン	2(1)
けいこく	*警告(する)	3(6)
けいさい	掲載(する)	3(2)
けいざい	**経済	1(2), 6(1)
けいざいたいこく	*経済大国	6(key)
けいざいてき	**経済的(な)	6(3)
けいじばん	掲示板	3(6)

(5),3(1),5(key),5(3)

さぼり	サボリ	3(1)
さま	さま	4(2)
さまざま	**様々(な)	2(6),4(5),5(5)
さゆう	**左右する	1(4)
さらに	*さらに	1(4),2(6),3(5)
さる	*猿	6(2)
ざるをえない	*〜ざるを得ない	2(6)
さんか	**参加(する)	3(6),5(5),5(3)
さんかく	参画(する)	5(3)
ざんぎょう	**残業(する)	1(1),4(key)
さんこう	**参考にする	2(2)
さんせい	**賛成(する)	2(6),3(5)
ざんぞう	残像	4(6)
さんにゅう	算入(する)	4(1)

【し】

〜じ	〜児	2(3)
しあわせ	**幸せ	3(6)
しあわせに	**幸せに	2(2)
しいくば	飼育場	4(1)
じーでぃーぴー	*GDP	6(key)
じーぱん	ジーパン	3(1)
しえい	市営	3(3)
しえられおね	シエラレオネ	5(5)
しえん	*支援(する)	2(6),5(3),5(4),5(5),6(4)
しかく	**資格	1(3),2(6),5(3)
しがみつく		4(6)
しがん	志願(する)	2(6)
じかんがいろうどう	時間外労働	1(4)
しき	指揮(する)	5(5)
じき	*次期	6(1)
しきしゃ	識者	3(3)
しきたり	しきたり	4(3)
じぎょうをおこす	事業を起こす	5(1)
しきん	**資金	5(5),6(3)
じく	軸	5(5),3(2)
しくみ	仕組み	2(6),3(6)
しげき	*刺激(する)	2(6),6(2),6(4)
しげしげとみる	しげしげと見る	5(2)
しこう	志向(する)	6(4)
しこう	思考(する)	2(1)
じこく	自国	5(3)

じこちゅうしんてき	自己中心的(な)	3(4)
しごと	仕事につく	1(5)
じこまんぞく	*自己満足(する)	3(2)
しざ	視座	6(1)
しさつ	視察(する)	4(1)
しじ	**支持(する)	3(1)
ししつ	*資質	2(6)
じじつ	**事実	2(2),2(3),3(1)
じじつじょう	**事実上	1(4)
しじゅく	私塾	2(6)
じしゅてき	**自主的(な)	2(6)
しじょう	市場	5(1)
じじょう	**事情	2(5),2(6)
じしん	**自信	1(2),6(2)
じしんがつく	**自信がつく	2(3)
しずおかし	静岡市	2(1)
しせいかつ	**私生活	3(1)
しせつ	私設	2(6),4(3)
しせつ	*施設	2(6),5(5),6(3)
しぜん	**自然	6(1)
しせん	*視線	3(3)
しそう	**思想	2(5)
しだい	*〜次第	2(1),3(2)
しだい	*次第に	5(4)
じだい	**時代	1(5)
じだい	自体	6(4)
したうけきぎょう	下請け企業	5(1)
したがう	**従う	2(5)
じたく	*自宅	2(6)
したしい	*親しい	3(6)
じちうんえい	自治運営	3(6)
じちかい	自治会	5(3)
じちたい	自治体	5(4),5(2),5(5)
しちょう	視聴(する)	3(5)
しつ	**質	3(1)
じっかん	*実感(する)	6(1),6(2)
じつぎょうがっこう	実業学校	2(6)
しつけ	しつけ	1(5),3(2)
じつげん	**実現(する)	1(2),1(4)
じっさいてき	*実際的(な)	3(4)
じっし	**実施(する)	1(4),2(6),5(3)
じっせんてき	*実践的(な)	5(4)
じったい	*実態	1(4),5(4)
しっぱい	**失敗(する)	1(2),4(6)
しどう	指導(する)	1(3),2(1),2(6)
じどう	児童	6(3)

172

184

文型
索引

1. 「文型」にある文型と表現が「あいうえお」順に並んでいます。
2. ☆印は「知っていると便利な表現」です。
3. 数字は、テーマ番号(資料番号)です。その文型と表現がどこにあるか分かります。

例：1 (1) ＝テーマ 1 の資料 1 の文型・表現

編者略歴

近藤　安月子 (こんどう　あつこ)
東京大学大学院総合文化研究科教授。AIKOM 日本語プログラム・コーディ
ネーター。国際基督教大学教養学部卒、コーネル大学言語学 Ph.D. (言語学)、
カンザス大学専任講師、ハーバード大学専任講師、コーネル大学 Teaching
Assistant、東京外国語大学外国語学部助教授を経て現職。日本語教育関連の出
版物では、Japanese-English Learner's Dictionary (研究社)、English-Japanese
Japanese-English Learner's Pocket Dictionary (研究社)などを執筆・編集。

丸山　千歌 (まるやま　ちか)
横浜国立大学留学生センター助教授。国際基督教大学教養学部卒、同大学博士
(学術)。国際基督教大学非常勤助手、東京家政学院大学、東京医科歯科大学、
東京大学 AIKOM 日本語プログラム非常勤講師を経て現職。

中・上級日本語教科書　日本への招待
予習シート・語彙・文型

2001 年 1 月 31 日　初　版
2004 年 8 月 17 日　第 3 刷
　［検印廃止］

編　者　東京大学 AIKOM 日本語プログラム
　　　　近藤安月子・丸山千歌

発行所　財団法人　東京大学出版会
代表者　五味文彦

113–8654 東京都文京区本郷 7–3–1 東大構内
電話 03–3811–8814・FAX 03–3812–6958
振替 00160–6–59964

印刷所　研究社印刷株式会社
製本所　株式会社島崎製本

© 2001　KONDOH Atsuko and MARUYAMA Chika, ABROAD
IN KOMABA, The University of Tokyo
ISBN 4–13–082006–0　Printed in Japan

Ⓡ〈日本複写権センター委託出版物〉
本書の全部または一部を無断で複写複製(コピー)することは、著
作権法上での例外を除き、禁じられています。本書からの複写を
希望される場合は、日本複写権センター (03–3401–2382) にご連
絡ください。

メ　モ

メ　モ

メ　モ

メ　モ

メ　モ

メ　モ

メ　モ